JN207765

国際マクロ経済学

関谷　喜三郎
河口　　雄司

泉文堂

はしがき

　本書は，国際マクロ経済学の入門書であり，国内経済の分析を基礎にしながら，海外取引まで含めたオープン・マクロ経済学をわかりやすく解説するものである。今日，グローバル化の進展にともなって，実物取引および金融取引の両面に関して，国際間の取引が国内経済に少なからぬ影響を及ぼすようになっている。また，経済政策を含めて国内経済の変化が貿易・資本取引に大きな影響を与えている。それゆえ，現代では，マクロ経済学は必然的にオープン・マクロ経済学と一体になった形で展開せざるをえない。本書は，こうした状況の下で，文字通りマクロ経済学をオープン化することによって，国際間の取り引きを中心とした国際マクロ経済学を展開しようとするものである。

　国際経済は国内経済の延長線上に位置するものであるために，国際経済の問題を考える場合にも，まずは国内におけるマクロ経済の動きを体系的に理解しておくことが必要となる。そこで，本書の前半では，国民所得決定論をベースとして，IS-LM分析を簡潔かつ平易に解説している。それによって，生産物市場と貨幣市場の相互依存関係を理解することができる。これは，国際マクロ経済学の枠組みの中で，経済政策が貿易取引に与える効果や為替レートの変化が貿易に与える影響を理解する上で必要な分析ツールとなる。

　マクロ経済学をベースとして，それをオープン化することにより，国際マクロ経済学へと展開することに関して，本書は次のような3つの特徴を持つことになる。

　第1は，国民所得決定論における総需要に輸出・輸入を加えることによる所得決定モデルの拡大である。これによって貿易が国民所得に与える影響をマクロ経済学の体系の中で理解することができる。

　第2は，マクロ経済分析に貨幣市場を加えたIS-LM分析をベースにした国際マクロ経済学の展開である。ここでは，国内均衡と国際均衡を1つの枠組みの中で説明するマンデル・フレミングモデルを用いて国際経済の問題を考える。

これによって，利子率や為替レートが変化するとき，それが国内経済および国際収支の均衡にどのような影響を及ぼすかを分析することができる。さらに，国内均衡および国際均衡に関する財政政策・金融政策の効果を示すことができる。

　第3は，国際経済を理解する場合に重要となる為替レートの決定について平易に解説することである。為替レートの変化は，貿易を通じて国内経済に大きな影響を持つと同時に，金融面への影響も大きい。本書を通じて，為替レートがどのような要因によって決まり，それが国内経済および国際経済にどのような影響を及ぼすかを理解することができる。

　本書における各章の説明は，はじめて国際経済学を学ぶ人たちにとっても容易に理解できるように平易になされており，説明に使われている図や式もわかりやすく示されている。また，マクロ経済学の基礎から理解できるように体系的に展開されているので，公務員試験をはじめとして，各種の資格試験にも十分に役立つように書かれている。本書が国際マクロ経済学の入門書として役立つことを期待している。

　最後に，このような国際マクロ経済学の入門書を執筆する機会を与えてくださった泉文堂の佐藤光彦氏に心からお礼を申し上げたい。佐藤氏には編集者として原稿の校正・修正にも迅速に対応していただいた。深く感謝する次第である。

平成 30 年 10 月 20 日

関谷喜三郎

河口　雄司

目　　次

はしがき

第1章　経済循環と経済活動 ………………………………………… 1

　1　経済循環の構図 ………………………………………………… 1

　2　経済循環と市場 ………………………………………………… 3

　3　生産物市場と生産要素市場の関連 ………………………………… 3

　4　政府と経済活動 ………………………………………………… 4

　5　経済循環と金融システム ………………………………………… 4

第2章　GDPと三面等価 ……………………………………………… 7

　1　国内総生産（GDP）……………………………………………… 7

　2　GDP統計の原則 ………………………………………………… 7

　3　分配面からみたGDP …………………………………………… 9

　4　支出面からみたGDP …………………………………………… 10

　5　三面等価の原則 ………………………………………………… 11

第3章　単純な封鎖経済モデル ……………………………………… 15

　1　総供給と総需要 ………………………………………………… 15

　2　封鎖経済モデルと三面等価 ……………………………………… 16

　3　有効需要の原理 ………………………………………………… 17

　4　消　費　需　要 ………………………………………………… 18

　5　投　　　資 ……………………………………………………… 20

第4章　均衡GDPの決定 ················· 23

  1　均衡GDPの決定式 ················· 23

  2　乗 数 理 論 ··························· 24

  3　インフレ・ギャップとデフレ・ギャップ ················· 27

  4　財政活動と均衡GDPの決定 ················· 28

  5　財政政策の効果 ····················· 29

第5章　貨幣と利子率 ····················· 31

  1　貨幣の機能と範囲 ··················· 31

  2　現金通貨の供給 ····················· 32

  3　預金通貨の供給 ····················· 33

  4　貨 幣 需 要 ··························· 35

  5　利子率の決定 ······················· 38

第6章　IS-LM分析 ····················· 41

  1　生産物市場とIS曲線 ················· 41

  2　IS曲線のシフト ····················· 43

  3　貨幣市場とLM曲線 ················· 44

  4　LM曲線のシフト ··················· 45

  5　GDPと利子率の同時決定 ············· 46

  6　財政政策の効果 ····················· 47

  7　金融政策の効果 ····················· 49

第7章　国際収支と為替レート ··············· 51

  1　国際収支表 ························· 51

  2　為替レート ························· 53

  3　為替相場制度 ······················· 54

第8章　開放経済におけるGDPの決定 ……………………… 57

　1　開放経済における均衡GDPの決定 ……………………… 57

　2　輸入誘発効果 ………………………………………………… 59

　3　総需要の変化と貿易収支 …………………………………… 60

第9章　オープン・マクロ経済政策 …………………………… 63

　1　Jカーブ効果とオーバーシューティング ………………… 64

　2　アブソープション・アプローチ ………………………… 65

　3　開放経済におけるIS曲線およびLM曲線 ……………… 66

　4　BP曲線 ………………………………………………………… 68

　5　オープン・マクロ経済政策の有効性 …………………… 71

　（1）　変動為替相場制 ……………………………………… 72

　（2）　固定為替相場制 ……………………………………… 77

第10章　為替レートの決定理論 ……………………………… 83

　1　為替レートの決定理論 …………………………………… 83

　2　金利平価説 …………………………………………………… 84

　3　アセット・アプローチ …………………………………… 86

　4　購買力平価説 ………………………………………………… 87

索引 …………………………………………………………………… 89

第1章　経済循環と経済活動

1　経済循環の構図

　経済活動は，生産と消費の繰り返しによって成り立っている。企業が生産する財・サービスが家計によって消費され，また生産され消費されるという循環的なプロセスによって経済活動が形成されていく。経済活動が行われる過程で，生産の成果が所得として分配され，それが生産物の購入に充てられることにより需要となる。需要は次の生産を可能にし，新たな所得が生み出されていく。このようにして，経済活動は生産，分配，支出の循環的な結びつきの中で行われる。この章では，一国経済の活動を生産，分配，支出の3つの面から考察することにより，マクロ経済の分析を理解する上で必要となる経済循環の基本構造を確認する。

　経済全体の動きを分析するマクロ経済学の視点からみると，経済を構成する経済主体は大きく分けて，家計部門，企業部門，政府部門の3つに分けられる。さらに，一国の経済活動は貿易取引と資本取引を通じて外国と取引しているので，海外活動まで入れると海外部門を入れた4部門となる。

　ここでは，まず国内の家計，企業，政府の3部門の関係に焦点を当てて経済の循環的活動をみておく。この動きを示しているのが図1の経済循環図である。ここには3部門の活動が示されている。家計部門は企業に労働・土地・資本といった生産要素を提供し，その見返りに所得を受け取る。家計はそれを用いて企業から財・サービスを購入する。また，政府に税金を支払う。所得の一部は

貯蓄に回される。企業部門は家計から提供された生産要素を用いて財・サービスを生産し，それを家計および政府に販売する。企業は販売によって得た収入から家計に生産要素の代金を支払い，さらに，政府に税金を支払い，一部を内部留保として保有し次期の投資に備える。政府部門は家計および企業から税金を徴収し，それにもとづいて各種の行政サービスを提供している。

　ここでは単純化のために説明を省いているが，家計，企業，政府の間には図1に示される関係以外の結びつきもある。その一つは，家計と政府の関係である。家計が生産要素としての労働を提供するのは企業だけでなく，政府の場合もある。公務員として働くケースがそれである。この場合には，家計は政府に労働を提供し，その見返りに賃金を受け取る。政府はこの公務員によって行政サービスを提供している。また，家計は生産要素を提供することなく政府から所得を受け取ることがある。年金や各種の社会保障費である。これらを移転支出という。これは市場を介さない政府から家計への直接的な支払である。また，家計部門の間でも経済取引があり，他の家計に家事サービスを提供してお金をもらう場合がその例である。ここでは，こうした活動は捨象している。

図1　家計・企業・政府による経済循環図

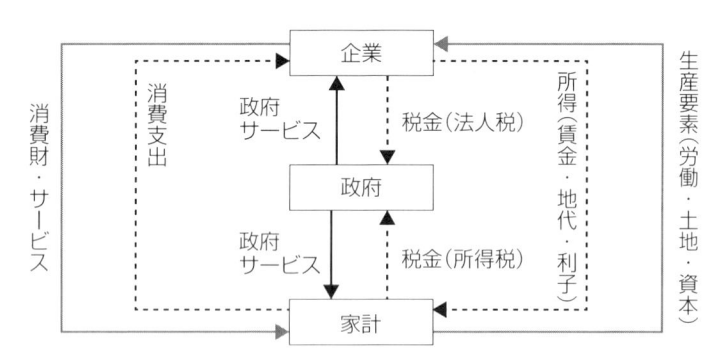

2　経済循環と市場

　家計，企業，政府の経済活動は循環的な結びつきを持っているが，そこには各種の市場が成立していることを理解しておくことが重要である。そのうち最も基本的な市場は，家計と企業の間に成立する生産物市場である。これは企業が生産する財・サービスを家計が購入するときに成り立つ市場であり，通常，経済活動を表す市場はこの生産物市場を指している。ここでは，家計は財・サービスを需要する側であり，供給する側は企業である。

　これに対し，家計が供給側になり，企業が需要側になる市場もある。それは生産要素の市場である。その一つが労働の需要と供給から成る労働市場である。労働は家計が供給し，企業が需要する。土地の貸借や売買の場合も，家計の提供する土地を企業が使うので，供給側は家計であり，企業は需要側である。

　さらに，現実には家計と企業の間の取引だけでなく，企業間の取引や家計間の取引もある。たとえば，企業が生産のために他の企業が製造した部品や機械を購入する場合，一方の企業が供給側となり，もう一方の企業は需要側になる。家計間での取引は，他の家計にお手伝いさんとして働くケースがある。さらに，家計間での中古品の売買の場合も買手と売手の両方が家計である。

3　生産物市場と生産要素市場の関連

　現実の経済活動ではそれぞれの市場が密接に関係していることを理解することも重要である。たとえば，生産物市場と労働市場の関係をみると，生産物市場で財・サービスの取引が拡大すると，生産活動が活発になるので，企業は雇用を拡大する。それは労働市場で労働需要を増大させることになる。労働市場で雇用が拡大すると家計の所得が増える。所得の増大により消費需要が増加すると生産物市場はより活発化することになり，景気が良くなる。それは，さらに労働市場で労働需要を増加させ，雇用，賃金の上昇をもたらすことになる。

反対に，生産物市場で財・サービスの売り上げが減少する場合には，企業は生産を縮小させるので，雇用が減少する。これは労働市場で労働需要を減少させることになる。その結果，家計の所得も減るので，生産物市場で需要が減少し，企業の生産水準が低下することになる。このように，マクロ経済を理解する上で，各市場が相互に関連し合っていることを認識するのも重要である。

4　政府と経済活動

　経済活動においては，政府も大きな役割を果たしている。政府は家計および企業に対して公共財と呼ばれる警察，消防，教育，医療などの公共サービスの提供を通じて社会生活の維持と円滑化を図っている。また，道路，橋，港湾，上下水道などの生活関連社会資本や産業関連社会資本を整備することによって国民生活の安定化と経済活動の発展に寄与している。

　政府の提供する財やサービスは原則として無料でなされているが，その費用は国民からの税金によって賄われている。また，政府の税金は，家計や企業の税引き後の所得に影響するので，減税や増税が行われると経済活動に大きな影響を与えることになる。

5　経済循環と金融システム

　図1では，家計，企業，政府の経済活動について経済循環図を用いて説明したが，この図に金融活動を加えると，循環図はより複雑になる。図2では，経済循環に金融システムを加えている。

　家計部門は生産要素の提供の見返りに企業から受け取った所得をすべて支出するのではなく，その一部を貯蓄する。それは金融機関に預けたり，債券や株式で運用される。また，企業部門も生産活動による収入の一部を減価償却費という形で貯えるとともに，収益の一部を内部留保し，将来の投資に備えている。こうした企業の貯蓄も金融機関に預けられるか，債券，株式で運用されること

になる。

　家計部門も企業部門も貯蓄をする一方で，金融市場を通じて経済活動に必要
な資金を調達している。とくに，企業は投資を行う場合に金融機関から借り入
れるか，証券市場を通じて社債，株式を発行することによって資金を調達して
いる。家計も住宅ローンのように銀行から借り入れを行う場合がある。

　また，政府も歳出が歳入を上回り，税金で予算が賄えない場合には，国債の
発行によって資金の不足を補うことになる。この場合にも，金融市場を通じて
資金が調達される。

図2　経済循環と金融システム

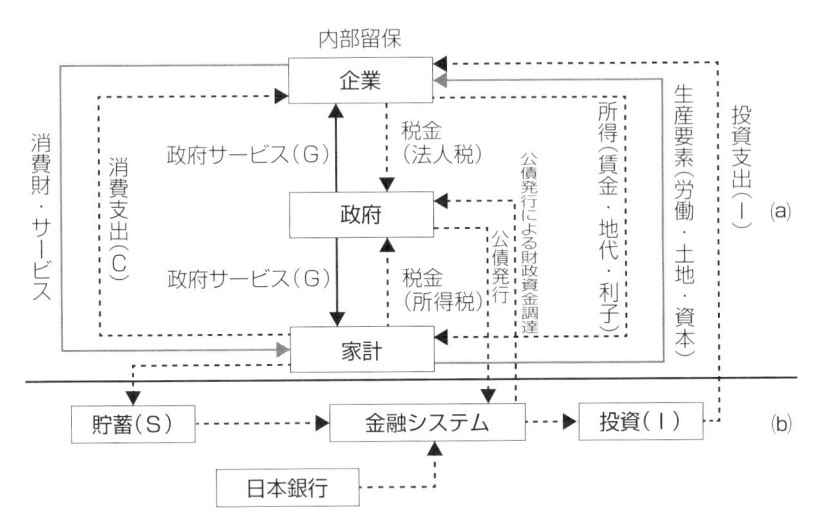

　このように，家計，企業，政府ともに財・サービスの取引だけでなく，余剰
資金の運用と不足資金の調達を行っている。経済循環の中で資金の過不足を調
整する役割を担っているのが金融システムである。図2には，中央銀行として
の日本銀行を含めて，銀行や証券会社から成る金融システムが図の下段に位置
づけられている。

　マクロ経済の視点から経済活動を見る場合に，金融と経済の関係はきわめて

重要である。経済活動は貨幣を媒介にして行われているので，お金が経済活動の中で円滑に循環していくことが経済の安定的な成長にとって不可欠となる。とくに，金融市場を通じて家計の貯蓄が企業の投資に回っていくことが重要となる。その場合には，金利の動きが投資を左右するので，金利の水準を決定する金融市場の動きがマクロ経済に大きな影響を与えることになる。さらに，金利は為替レートの変化を通じて貿易にも影響を与えるので，経済活動を左右する重要な要因であるといえる。

第2章　GDPと三面等価

1　国内総生産（GDP）

　経済活動を考察する場合に最も重要な指標となるのが国内総生産（GDP：Gross National Product）である。国内総生産GDPとは，一定期間に国内で新たに生産された財・サービスの合計である。

　GDPは，一国経済における各企業の生産活動の成果を合計したものである。ただし，各企業の生産額を単純に合計した総生産額には他の企業から購入して生産活動に使った中間生産物額が含まれているので，そのまま合計すると他の企業の生産額を二重に計算してしまうことになる。そこで二重計算を防ぐために総生産額から中間生産物額を差し引く必要がある。すなわち，

　　国内総生産＝総生産額－中間生産物額

となる。総生産額から中間生産物額を引いたものを付加価値という。したがって，GDPは，各企業の付加価値の合計ということができる。

2　GDP統計の原則

　GDPは，1年間に新たに生み出された付加価値の合計である。それは，原則として市場で取引された財・サービスに限られる。たとえばハウス・クリーニ

ングの会社にお願いして家の掃除をしてもらうと清掃サービスが生産されたことになるので，その代金はGDPに加算される。ただし，主婦が自分の家の掃除をしても，家事労働は市場での取引がないのでGDPの対象にはならない。GDPとして集計されるのは市場で生産されたものだけである。

また，GDPはその年に新たに生産された財・サービスの取引額を計算したものである。したがって，それ以前に生産された中古車や中古住宅の取引については，それが大きな金額で取引されてもGDPには入らない。土地や債券，株式，絵画，骨董といった資産の取引についてもGDPには含まれない。たとえば，1億円の土地売買がなされ，その取引を仲介した不動産会社に5%の手数料が支払われたとすると，この取引から生み出されたGDPは，今期に新たに生産された仲介サービスに対し不動産会社に支払われた手数料の500万円だけであり，売買された1億円の取引金額は計上されない。株式や債券の売買についても同様であり，GDPに計上されるのは，証券会社の仲介サービスの生産に対して支払われる仲介手数料だけである。

GDPは市場で取引されるものを対象とするが，例外もある。その一つが帰属計算である。これは，実際には市場で取引されないものでも，あたかも市場で取引されたかのように想定してGDPに計上するものである。具体的な例としては，農家の生産物の自家消費分を市場で取引したらいくらになるかを計算するケースや，持ち家の帰属家賃がある。これは，持ち家についても貸家の家賃と同じように他人に貸したら住宅サービスの生産額がいくらになるかを計算してその金額を計上するものである。

さらに，帰属計算以外に政府の行政サービス（行政機関，国公立学校，医療機関など）や対家計民間非営利団体（政党，労働組合，私立学校，宗教団体など）の提供するサービスがある。これらも市場では取引されないので，その価値は不明であるが，人件費など生産コストにもとづいて生産額を計算してGDPに計上している。

3　分配面からみたGDP

　経済活動の大きさは，付加価値の合計として国内総生産GDPの形で表すことができるが，その成果は，生産活動に関わった家計，企業，政府に何らかの形で分配される。したがって，GDPは分配面からも見ることができる。

　図1の経済循環図に示されるように，家計は生産要素の見返りに各種の所得を得る。それは生産の成果としての家計への分配分である。GDPの大きさを記録する国民経済計算においては，主に「雇用者報酬」として分類される。それは労働に対する分配である。土地や資本の提供に対する分配もある。それは賃貸料受取，利子，配当などであり，「混合所得」として表示されている。次に，企業への分配がある。これは「営業余剰」と表記されている。この中から法人税が支払われ，税引き後の収益の一部は内部留保として企業内に貯蓄される。GDPの分配には「固定資本減耗」があるが，これは実際には減価償却費として企業内に保有されるものであり，将来の設備の置換に備えての貯蓄という性質を有している。

　最後に，政府への分配がある。政府は，各種の取引に課される間接税を受け取る。一方，補助金を支給するので，これは政府にとって支出になる。そこで，間接税−補助金＝純間接税となる。この段階では，家計および企業に課される直接税はまだ徴収されていないので，「雇用者報酬」，「営業余剰・混合所得」は税込の金額である。そこで，分配面からみたGDPは，

　　　GDP＝雇用者報酬＋営業余剰＋混合所得＋固定資本減耗＋純間接税

となる。

　このように，GDPは各経済主体に何らかの形で分配される。したがって，生産面で見ても，分配面で見ても全体の金額は同じである。さらに，家計に分配されたものは，税金を払った後で，消費に使われ，残りは貯蓄に回される。

ゆえに，家計への分配は消費＋貯蓄＋税金となる。企業への分配は，法人税を支払い，固定資本減耗を積み立て，残りは内部留保として貯蓄される。政府への分配は所得税や法人税などの直接税に間接税－補助金を加えたものとなる。

　家計，企業，政府に分配されたGDPは，いずれにして，消費，貯蓄，税金の形で処分されるので，

$$GDP = 消費 + 貯蓄 + 税金$$

となる。ここで，消費をC，貯蓄をS，税金をTとすると，

$$GDP = C + S + T$$

となる。

4　支出面からみたGDP

　GDPは支出面から見ることもできる。一定期間に新たに生産された付加価値の大きさを表すGDPは，市場で販売されたものの大きさと考えることができるので，それはGDPを買った側，つまり支出面から見ることができる。これを国内総支出という。

　支出額については，それぞれ経済主体の部門に分けて見ることができる。まず，家計部門は消費のために支出を行う。国民経済計算ではこれを「民間最終消費支出」という。次に，企業部門の支出は，民間投資と呼ばれるが，それは「民間企業設備」・「民間住宅」・「民間在庫品増加」の3つに分けられる。さらに，政府部門の支出項目としては，「政府最終消費支出」・「公的固定資本形成」・「公的在庫品増加」がある。家計，企業，政府の支出額はいずれも国内の支出の大きさであるから，これを合計したものを「内需」と呼ぶ。

　ここで，海外取引を含めると支出の項目に輸出と輸入が加わることになる。

輸出は外国が日本の製品を買ってくれるので，国内の支出増加となる。一方，輸入は日本の家計ないしは企業が外国の品物を買うので，それだけ国内の支出が減ることになる。つまり，輸出は外国から流入する支出（需要）であり，輸入は外国への支出（需要）の漏れである。輸出－輸入である純輸出は，外国からの需要であるから，「外需」と呼ばれる。貿易収支が黒字であれば，外需はプラスになり，赤字になるとマイナスになる。，消費をC，投資をI，政府支出をG，輸出をX，輸入をMとすると，

$$GDP = C + I + G + X - M$$

となる。なお，前章における経済循環の説明では海外取引は捨象していたので，海外部門を省いた形にすれば，輸出Xと輸入Mが省略されるので，支出面から見たGDPの式は，GDP = C + I + Gとなる。

5　三面等価の原則

　これまで，GDPの大きさを生産，分配，支出の3つの面から見てきたが，これらは一国の経済活動を別の角度から見たものであり，全体の大きさはすべて同じである。つまり，GDPはその国において一定期間に生産されたすべての財・サービスの付加価値の合計であり，それは生産の成果として分配され，生産に関わったいずれかの経済主体の所得になる。また，それらの財・サービスは，その購入にあてられた支出の合計でもある。ゆえに，GDPは，同じものを生産，分配，支出の3つの面から見ることができる。これを三面等価の原則という。式の形で表すと次のようになる。

$$GDP \quad = \quad C + S + T \quad = \quad C + I + G + X - M$$
（国内総生産）　　　　　　　　　　（国内総支出）

これをマクロ経済のバランス式という。この式にもとづいて日本経済の
GDPの大きさと内容を示すと，表1のようになる。

表1　三面等価からみた日本経済

国内総生産

(単位：10億円)

項　　　目	平成27暦年 2015
1．農林水産省	5,617.5
(1)　農業	4,670.7
(2)　林業	211.0
(3)　水産業	735.8
2．砿業	325.3
3．製造業	108,028.9
(1)　食料品	12,606.4
(2)　繊維製品	1,392.7
(3)　パルプ・紙・紙加工品	1,908.1
(4)　化学	11,324.4
(5)　石油・石炭製品	4,512.7
(6)　窯業・土石製品	2,850.4
(7)　一次金属	9,868.0
(8)　金員製品	4,572.8
(9)　はん用・生産用・業務用機械	15,317.3
(10)　電子部品・デバイス	5,139.1
(11)　電気機械	7,256.4
(12)　情報・通信機器	3,987.7
(13)　輸送用機械	17,013.9
(14)　印刷業	2,430.3
(15)　その他の製造業	7,848.6
4．電気・ガス・水道・廃棄勧処理業	14,142.7
(1)　電気業	6,345.6
(2)　ガス・水道・廃棄物処理業	7,797.1
5．建設業	29,418.9
6．卸充・小売業	73,649.6
(1)　卸売業	43,936.8
(2)　小売業	29,712.8
7．運輸・郵便業	27,178.6
8．宿泊・飲食サービス業	13,273.9
9．情報通信業	26,505.1
(1)　通信・放送業	12,025.3
(2)　情報サービス・映像音声文字情報制作業	14,479.8
10．金融・保険業	23,556.8
11．不動産業	60,429.9
(1)　住宅賃貸業	52,373.3
(2)　その他の不動産業	8,056.6
12．専門・科学技術，業務支援サービス業	38,613.6
13．公務	26,557.6
14．教育	19,057.0
15．保健衛生・社会事業	36,120.4
16．その他のサービス	23,275.3
小計	525,751.3
輸入品に課される税・関税	8,754.7
(控除) 総資本形成に係る消費税	5,709.3
国内総生産（不突合を含まず）	528,796.6
統計上の不突合	1,748.6
国内総生産	530,545.2

国内総生産

(単位：10億円)

項　　　目	平成27暦年 2015
1.1　雇用者報酬 (2.4)	261,838.6
1.2　営業余剰・混合所得 (2.6)	105,510.1
1.3　固定資本減耗 (3.2)	120,064.7
1.4　生産・輸入品に課される税 (2.8)	44,824.7
1.5　(控除) 補助金 (2.9)	3,441.4
1.6　統計上の不突合 (3.7)	1,748.6
国内総生産	530,545.2

国内総支出

項目	平成27暦年 2015
1.7　民間最終消費支出 (2.1)	300,081.6
1.8　政府最終消費支出 (2.2)	105,335.3
(再掲)	
家計現実最終消費	363,850.7
政府現実最終消費	41,566.2
1.9　総固定資本形成 (3.1)	124,305.7
1.10　在庫変動 (3.3)	2,536.3
1.11　財貨・サービスの輸出 (5.1)	93,566.3
1.12　(控除)財貨・サービスの輸入(5.6)	95,280.0
国内緑生産	530,545.2
(参考) 海外からの所得	29,964.4
(控除) 海外に対する所得	9,886.0
国民総所得	550,623.6

　ここには，2015年における日本のGDPの大きさが生産・分配・支出の3つの面から示されている。全体としてGDPの大きさは，530兆5,452億円である。この表から，GDPがどのような産業によって生み出され，それがどのように分配され，さらには，各部門の支出がどのくらいあったのかを知ることができる。

　このマクロ経済のバランス式は，これまで見てきたように各経済主体間の密接な関係にもとづいて導出されたものであり，現実経済におけるさまざまな問題を考える上で重要な指標を包含している。とくに，マクロ経済学において，その最も基本となるGDP水準の決定を説明するための「国民所得決定論」もこの等式を出発点として構築されている。それだけに，この三面等価の原則にもとづく経済活動の把握は極めて重要である。

　国民所得の決定については，次章で詳しくみていくので，ここでは，マクロ経済のバランス式の意味を理解する1つの例として貯蓄・投資のバランスと貿易収支の関係をみておく。先のバランス式を変形すると次式が導ける。

$$(S - I) = (G - T) + (X - M)$$

　この式は，民間部門の貯蓄・投資のバランス（S-I）が，政府部門の財政収支（G-T）および海外部門の貿易収支（X-M）と密接な関係をもつことを示している。

　この式からわかることは，民間部門で貯蓄超過（S>I）の場合，財政赤字（G>T）か，貿易収支黒字（X>M）のどちらか，あるいはその両方が生じていることがわかる。したがって，民間貯蓄が過剰になると，それが財政赤字によって吸収されないかぎり，必ず貿易黒字が生じるということである。また，アメリカでしばしば問題になる財政赤字（G>T）と貿易赤字（X<M）による「双子の赤字」に関して，アメリカ国内で民間純貯蓄がゼロ（S=I）ならば，アメリカでは財政が赤字である限り，必ず貿易は赤字（X<M）になるということである。

第3章　単純な封鎖経済モデル

1　総供給と総需要

　三面等価の原則が示すように，国内総生産と国内総支出は等しくなる。そこで，国内総生産GDPをYとすると，

$$Y = C + I + G + X - M \tag{1}$$

が成り立つ。ここで，右辺の輸入Mを左辺に移行すると，

$$Y + M = C + I + G + X \tag{2}$$

となる。この式で，左辺のY + Mは外国から輸入された生産物を含めてその国に供給された生産物全体の大きさを表すので，これを総供給と呼ぶことができる。右辺は外国から国内にもたらされた需要である輸出を含めたその国全体の需要を表しており，これを総需要という。したがって，（2）式は，総供給＝総需要となる。

　ところで，（2）式から，総供給と総需要は等しくなっているので，需給の不一致がないようにみえるが，これは経済活動が終わった段階でその活動の成果を集計した事後的な記録のためである。

　事前の経済活動においては，しばしば総需要と総供給は不一致となる。それ

によって経済は拡大する場合もあれば，停滞する場合もある。ただし，需給が不一致であっても，1年といった一定期間において，経済活動が終わった事後にGDPを集計する場合には，総需要と総供給の大きさは一致するように計算される。そのことを理解するために，（2）式を単純化した形を用いて説明する。

2　封鎖経済モデルと三面等価

いま，政府と海外取引が存在しない単純な封鎖経済を想定すると，経済活動は民間の家計と企業だけになる。政府支出Gと輸出X，輸入Mがゼロになるので，（2）は，

$$Y = C + I \hspace{10em} (3)$$

となる。事前の経済活動においては，総供給Yと総需要Dはしばしば不一致となる。そこで，いま，Yが事前に計画されたDより大きかった場合を考える。この場合には，

$$Y > C + I \quad \text{あるいは} \quad Y > D$$

となる。このケースでは，総供給が総需要を上回るので，供給過剰によりYとDの差だけ生産物が売れ残る。その結果，意図せざる在庫品の増加が生じる。ただし，在庫投資の増加は総需要の側の投資Iの増加（意図せざる在庫の増加）として記録されるので，事後的な計算では，YとDの値は等しくなる。

一方，これとは反対に，総需要が計画された総供給より大きかった場合には，

$$Y < C + I \quad \text{あるいは} \quad Y < D$$

となる。このケースでは，生産した以上に売れることになるので，企業は在庫を取り崩して超過需要に対応することになる。そこには意図せざる在庫の減少が生じるが，投資Iがその分だけ減少したという形で計算されるので，この場合でも事後的にはYとDの値は一致することになる。ゆえに，事後的記録としてのGDPは三面等価の原則にしたがって，常に総需要と総供給の値が等しくなるように表示される。

　ただし，現実の経済活動においては，総需要Dと総供給Yが一致する保証はなく，両者が不一致の場合，その差額だけ在庫が増減することになる。それは結果として企業の生産活動に影響を与え，GDPを変化させることになる。

3　有効需要の原理

　このように，もし，総需要Dが総供給Yより少なければ（Y＞D），供給過剰となり，売れ残りが出るので，企業は生産を減少せざるを得なくなる。これはGDPを減少させることになる。一方，DがYを上回るような状況（Y＜D）では，生産した以上に売れるので，増産する必要が生じる。これはGDPを増加させることになる。つまり，総供給に比べて総需要が少ないとGDPは減少することになり，総需要の方が多いとGDPは増加するということである。

　GDPが減少し経済活動が低下すると，生産の減少やそれに伴う雇用状況の悪化，さらには所得の減少を招くことになる。他方，GDPが増加すると，生産の拡大，雇用拡大，所得増加が期待できる。そして，総需要と総供給が等しくなると，企業は生産水準を変化させる必要がないので，GDPの均衡水準が決まることになる。

　ここからわかることは，GDPの水準を決めるのは総需要の大きさであるということである。総需要の大きさがGDPの水準を決めるのは市場経済における基本的な原則であり，これを有効需要の原理という。この考え方をマクロ経済学における国民所得決定の分析ツールとして確立したのは，イギリスの経済学者J.M.ケインズである。ケインズは1936年に『雇用・利子および貨幣の一

般理論』という本を書き，その中で「有効需要の原理」という用語を用いて，GDP の水準が総需要の大きさによって決定されることを説明した。本書におけるマクロ経済分析もケインズの有効需要の原理にしたがって展開していく。

　まず，政府と海外取引を含まない単純化された封鎖経済を想定すると，総需要は家計と企業による消費Cと投資Ⅰの合計になるので，GDP（Y）の均衡水準は，

$$Y = C + I$$

で表すことができる。GDP の水準を決定するのは消費と投資なので，次にその動きを説明する。

4　消費需要

　総需要を構成する要因の一つである消費の動きについては，その時の所得に依存すると考えることができる。一般に，所得が多ければ消費も増えるが，所得が少ないと消費も増えない。そこで，消費Cは国民所得Yの増加関数とみることができる。これは，

$$C = C(Y)$$

と表せる。これを消費関数という。このYとCの関係を図にすると，図1のような右上がりの線となる。すなわち，所得が増えると消費も増えるということである。ただし，所得の一部は貯蓄されるので，消費の増加は所得の増加には及ばない。したがって，所得の増加分 ΔY と消費の増加分 ΔC の比である $\frac{\Delta C}{\Delta Y}$ はプラスであるが，1より小さい値となる。つまり，

$$0 < \frac{\Delta C}{\Delta Y} < 1$$

となる。この$\frac{\Delta C}{\Delta Y}$を限界消費性向という。図1の縦軸は消費Cであり，横軸は所得Yである。この図の特徴は，消費者の動きを表す線の傾きが45°より緩やかであることと，プラスの切片を持つということである。縦軸の切片は，所得がゼロの時の消費の値であり，これを基礎消費という。ここで，基礎消費をC_0，限界消費性向$\frac{\Delta C}{\Delta Y}$を$c$とすると，消費関数は次のように定式化できる。

$$C = C_0 + cY$$

図1　消費関数

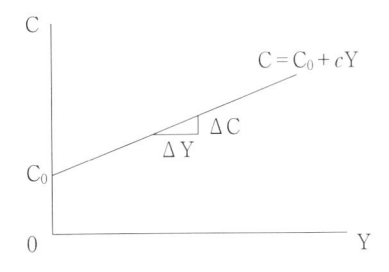

この消費関数は，消費が所得の絶対水準に依存して決定されると想定するところから，ケインズ型消費関数，あるいは消費関数の絶対所得仮説と呼ばれる。この消費関数のもとでは，所得が増えるにつれて所得に占める消費の割合$\frac{C}{Y}$は次第に低下することになる。この$\frac{C}{Y}$を平均消費性向という。これを図に示すと図2のようになる。ある水準を超えると，所得が増加していくにしたがって消費との差が拡大することになる。所得のうち消費されない部分は貯蓄Sに回されるので，所得の増加に連れて平均消費性向が低下していくのに対して，所得に占める貯蓄の割合$\frac{S}{Y}$は増加していく。この$\frac{S}{Y}$を平均貯蓄性向という。

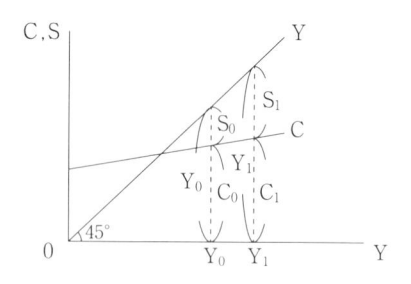

図2　平均消費性向と平均貯蓄性向

5　投　　　資

　次に投資を決める要因をみていく。投資 I は総需要に占める割合が20％前後にすぎないが，消費に比べて変動が大きいために総需要の不安定要因になるという特徴がある。それゆえ，投資の動向はGDPの動きを理解する上で重要である

　投資は，設備投資，住宅投資，在庫投資の3つに分けられる。このうち，最も大きな部分を占めるのは設備投資である。これは機械設備の購入やプラントの建設など固定資本ストックの増加ないしは更新に向けられる支出である。ここでは，この設備投資を対象としてその決定要因をみていく。

　企業が設備投資をするかどうかを決める基本的な要因は，投資によってどれだけの収益が得られるかということと，その投資にかかる費用がどのくらいかということである。収益が費用よりも大きければ投資を実行する価値があるし，費用の方が大きければ投資を実行する意味はない。

　いま，新規の設備を導入すると，1年目にQ_1，2年後にQ_2，3年後にQ_3，そしてn年後にはQ_nの収益を生み出すと予想されるものとする。このn年後までの収益の現在の値は，市場利子率 i で年々の収益を割り引くことによって求められる。そこで予想収益の現在価値Rの合計は次のような式で求められる。

$$R = \frac{Q_1}{(1+i)} + \frac{Q_2}{(1+i)^2} + \cdots \frac{Q_n}{(1+i)^n} \qquad (1)$$

これが，この投資によって得られると期待される年々の予想収益の現在価値である。

　一方，現時点での設備投資の費用は，現在における設備の取得価額である。これをSとすれば，投資が実行されるかどうかは，RがSを上回るかどうかということである。つまり，R＞Sなら投資は実行されるが，R＜Sなら投資は行われない。

　この予想収益と費用による投資の決定は，投資の限界効率と利子率の関係からみることができる。投資の限界効率とは，投資によって得られると期待される年々の予想収益Qの現在価値を投資設備の取得金額である投資費用Sに等しくさせる割引率（収益率）である。具体的には次のような式で表せる。

$$S = \frac{Q_1}{(1+m)} + \frac{Q_2}{(1+m)^2} + \cdots \frac{Q_n}{(1+m)^n} \qquad (2)$$

ここでmが投資の限界効率であり，投資による予想収益率を表している。（1）式と（2）式から，投資が実行できるかどうかは，予想収益の現在値であるRと投資の費用であるSとの比較と同時に投資の限界効率mと利子率iの比較によって説明できることがわかる。つまり，2つの式より，

R＞S　　$m > i$
R＝S　　$m = i$
R＜S　　$m < i$

となるので，投資は投資の限界効率と利子率の比較考量によって決定されるといえる。

　ところで，企業が購入しようとする機械設備の案件は多数あり，その限界効

率は投資プロジェクトによって異なる。そこで，投資の限界効率の高いものから順に並べると，図3のような投資の限界効率曲線が得られる。この図に金融市場で決まる利子率の水準を入れると投資がどのような水準に決まるかを示すことができる。

　もし利子率がi_0であるなら，投資は$m = i$に対応するI_0に決まることになる。利子率がi_0より低ければ，$m > i$となり，投資を実施することが有利になり，i_0より高ければ，$m < i$となって投資が不利になるからである。さらに，ここからわかることは，利子率が低ければ低いほど投資は有利になり増加するということである。ゆえに，投資は利子率の減少関数として，

$$I = I(i)$$

で表すことができる。

　なお，投資の限界効率は企業の予想収益をもとに決まるので，企業の将来予想が変化すると限界効率が変化し，投資が増減することになる。企業の期待が好転し予想収益が増加すると，限界効率曲線が右上方にシフトするので，投資は増大するが，反対に予想収益が低下する状況では限界効率曲線が左方にシフトし，投資は減少することになる。

図3　投資の限界効率と利子率による投資決定

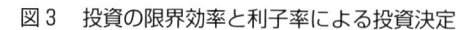
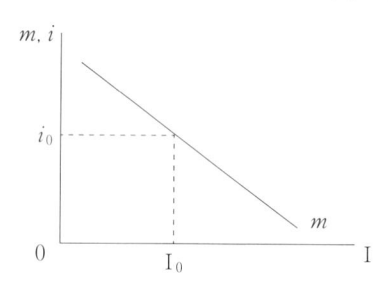

第4章 均衡GDPの決定

1 均衡GDPの決定式

単純な封鎖体系では，総需要と総供給の均衡は，

$$Y = C + I$$

で示すことができる。前章で，消費Cと投資Iの決定式を得ているので，それを用いて均衡GDPの決定式を示すことができる。

$$Y = C_0 + cY + I(i) \tag{1}$$

これが均衡GDPの決定式である。これをYについて整理すると，

$$Y = \frac{1}{1-c}\ (C_0 + I(i)) \tag{2}$$

となる。これを図にすると図1のようになる。横軸はYであり，縦軸は総需要D＝C＋Iである。消費の大きさは消費関数にしたがって右上がりの曲線となる。投資については利子率を一定と仮定することにより，一定額の投資が与えられると想定する。したがって，消費に一定の投資を上乗せすると総需要線D＝C＋Iを示すことができる。GDPの大きさは45°線で表すことができる。均

衡GDPは，YとDが一致するY_0に決まることになる。

　図1において，Y_1では，総需要が総供給が上回るために意図せざる在庫の減少が生じ，Yは拡大する。Y_2では，総供給が総需要を上回るために意図せざる在庫の増加が生じ，生産は減少するので，Yの水準は低下することになる。結果としてYの水準はYとDが等しくなる均衡点E_0に対応してY_0に決まることになる。

図1　均衡GDPの決定

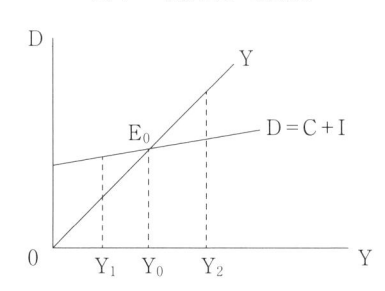

　GDPの決定式を（2）式のように定式化すると，GDPは限界消費性向cと投資Iによって決まることがわかる。限界消費性向は人々の消費意欲を表すものであり，人々が消費に積極的になり限界消費性向が高まるとYが大きくなることがわかる。また，民間投資が増加するとYが増加することもわかる。

2　乗　数　理　論

　これまで，均衡GDPの決定は総需要と総供給の等しいところで決定されるということをみてきた。次に，総需要が増加した場合，それが均衡GDPをどのように変化させるかをみていく。

　まず，図2を用いて均衡水準Y_0を出発点として，投資IがΔIだけ増加した場合，それがYをどれだけ変化させるかを考察する。図に示されるように，投資の増加ΔIは総需要線をD_0からD_1へとΔIだけ上方にシフトさせるので，

YとDの均衡点はE₀からE₁に移る。その結果，GDPはY₀からY₁へとΔYだけ増加する。

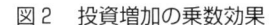

図２　投資増加の乗数効果

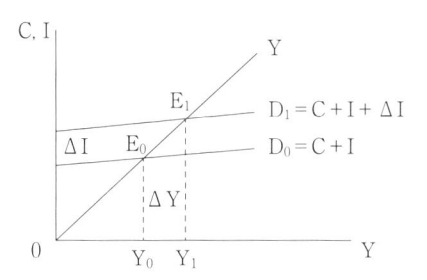

ここで，投資増加ΔIに対するGDPの増加ΔYの比率をkで表すと，

$$k = \frac{\Delta Y}{\Delta I} \tag{3}$$

となる。これを変形すると，

$$\Delta Y = k \Delta I \tag{4}$$

となる。（４）式は，投資の増加がそのk倍だけYを増加させることを表している。このkを乗数という。

　乗数kの値は，GDPの決定式から求めることができる。均衡点E₀のYは，

$$Y_0 = \frac{1}{1-c} \ (C_0 + I(i)) \tag{5}$$

であり，新たな均衡点E₁のYは，

$$Y_1 = \frac{1}{1-c} \ (C_0 + I(i) + \Delta I) \tag{6}$$

となる。そこで，（5）式と（6）式の差を取ると，

$$Y_1 - Y_0 = \Delta Y = \frac{1}{1-c} \Delta I \qquad (7)$$

となり，乗数kの値が$\frac{1}{1-c}$となることがわかる。

　ここで重要なことは，投資の増加はそれと同じ大きさのGDPを生み出すのではなく，その何倍ものGDPを生み出す可能性があるということである。この関係は，投資需要の増加によって生じる生産の増加が生み出す派生的な所得の増加を辿ることによって理解することができる。

　投資が新たにΔIだけ増加すると，それに応じて生産が増加し所得が増える（$\Delta I = \Delta Y_1$）。その所得の増加は消費を増やし，消費需要の増加（$c \Delta I = c \Delta Y_1$）がさらに生産を増加させ所得を増やす（$c \Delta I = c \Delta Y_1 = \Delta Y_2$）ことになる。さらに，この所得増加もその$c$倍の消費増加（$c^2 \Delta I = c \Delta Y_2$）を生み出す。このようにして，最初の投資の増加が次々に所得を増やしていき，結果として，一定の大きさの所得増加をもたらすことになる。これが乗数効果である。ただし，この所得増加は無限には続かない。なぜなら，消費の増加は所得の増加より小さいからである。所得増加の合計をΔYとすると，乗数効果の関係は次のようになる。

$$\begin{aligned}
\Delta Y &= \Delta Y_1 + \Delta Y_2 + \Delta Y_3 \cdot \cdot \cdot \cdot \\
&= \Delta I + c \Delta I + c^2 \Delta I \cdot \cdot \cdot \\
&= \Delta I (1 + c + c^2 + \cdot \cdot \cdot \cdot \cdot) \\
&= \frac{1}{1-c} \Delta I \qquad (8)
\end{aligned}$$

　かくして，投資の増加ΔIは，その乗数$\frac{1}{1-c}$倍だけ所得を増加させることがわかる。これは，初項をΔI，公比をcとする無限等比級数の和として求めたものである。たとえば，$\Delta I = 10$億円，$c = 0.8$，とすると，所得増加は，

$$\Delta Y = \frac{1}{1-0.8} \times 10\,億円 = 5 \times 10\,億円 = 50\,億円$$

となる。この例では，乗数の値は5となり，投資の増加はその5倍の所得増加をもたらすことになる。

3　インフレ・ギャップとデフレ・ギャップ

　これまで，均衡GDPの決定について説明してきたが，総需要と総供給が一致するところで決定される均衡GDPは完全雇用を保証する所得水準とは限らないことに注意する必要がある。

　いま，図3において総需要がD_0の水準にあると，均衡GDPはY_0に決定される。ここで，総需要D_1に対応するY_fを完全雇用所得水準とすると，Y_0の所得水準はY_fを下回るために，経済は失業を抱えたままで均衡していることになる。この場合には，図3に示されるように，完全雇用所得水準Y_fに対してbcだけ総需要が不足している。この総需要の不足分をデフレ・ギャップという。このギャップが大きいほど不完全雇用の度合いは深刻であるといえる。

　他方，総需要がD_2の場合には，総需要が完全雇用所得水準を上回っている。Y_fが文字通り完全雇用であるとすると，生産はこれ以上増えないので総需要の増加に対応して物価が上昇することになる。この総需要の超過分abをインフレ・ギャップという。

図3　インフレ・ギャップとデフレ・ギャップ

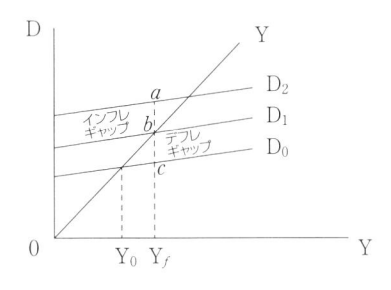

図3からわかるように，経済にデフレ・ギャップが存在すると失業が発生することになるし，インフレ・ギャップがあると物価が上昇することになる。そこで，デフレ・ギャップが存在するときには，総需要の増加が望ましいが，失業が存在するようなデフレの時には，消費も投資も増加する可能性は少ない。一方，インフレ・ギャップがあるときには総需要を抑制することが望ましいが，これも民間の経済活動に任せておいたのでは，総需要を適切な水準に調整することは難しい。そこで，政府による総需要の調整が必要となる。

4　財政活動と均衡GDPの決定

　これまで総需要の大きさを消費と投資の合計としてきたが，政府を含めると，均衡GDPの決定式が変化することになる。まず，政府支出Gが加わるので，総需要Dは，

$$D = C + I + G \qquad\qquad (9)$$

となる。また，政府支出には財源が必要となる。ここでは家計に課税されるケースを仮定する。家計は政府に租税Tを支払う。そのために，消費として使える所得は租税を控除した可処分所得（$Y - T$）となる。それにより，消費関数がこれまでの$C = C_0 + cY$から，次のようになる。

$$C = C_0 + c\,(Y - T) \qquad\qquad (10)$$

　ここで，政府支出Gを$G = G_0$とし，租税を$T = T_0$とすると，政府を含む均衡GDPの決定式は次のようになる。

$$Y = C + I + G$$
$$C = C_0 + c\,(Y - T)$$

$$I = I\ (i)$$
$$G = G_0$$
$$T = T_0$$

より，

$$Y = C_0 + c\ (Y - T_0)\ + I\ (i)\ + G_0$$

となり，これをYについて解くと，

$$Y = \frac{1}{1-c}\ (C_0 - cT_0 + I\ (i)\ + G_0) \tag{11}$$

が得られる。これが政府を含む均衡GDPの決定式である。

5　財政政策の効果

　次に，（11）式にもとづいて政府による財政政策がGDPに及ぼす効果を分析する。まず，政府支出の増加の効果をみていく。いま，政府支出がG_0から$G_0 + \Delta G$へとΔGだけ増加し，その結果，GDPがYからY$+ \Delta$YへとΔYだけ増加したとする。新しい均衡所得の水準は（11）式にもとづいて，

$$Y + \Delta Y = \frac{1}{1-c}\ (C_0 - cT_0 + I\ (i)\ + G_0 + \Delta G) \tag{12}$$

となるので，（12）式と（11）式の差をとると，

$$\Delta Y = \frac{1}{1-c} \Delta G \tag{13}$$

が得られる。これによって，ΔGがどれだけのGDP増加をもたらすかを示すことができる。つまり，政府支出の増加はΔGに$\frac{1}{1-c}$を乗じた分だけGDPを

増やすことになる。この乗数を政府支出乗数という。

　次に，減税政策の効果をみていく。減税は $-\Delta T$ で表すことができるので，租税は，$T_0 - \Delta T$ となる。この減税によってGDPが ΔY だけ増加したとすれば，新しい均衡所得水準は，

$$Y + \Delta Y = \frac{1}{1-c}\ (C_0 - c\ (T_0 - \Delta T)\ + I\ (i)\ + G_0) \qquad (14)$$

となる。そこで，（14）式と（11）式の差をとると，

$$\Delta Y = \frac{c}{1-c} \Delta T \qquad\qquad (15)$$

が得られる。これによって，ΔT だけ減税が行われると，ΔT に $\frac{c}{1-c}$ を乗じた分だけGDPが増加することがわかる。この乗数 $\frac{c}{1-c}$ を租税乗数という。

　なお，（13）式と（15）式より，GDPの増大策としての景気刺激策について政府支出増加 ΔG と減税 ΔT では同額の政策をとった場合にどちらの政策がより効果が大きいかをみることができる。それは政府支出乗数と租税乗数の大きさを比較すればわかる。

$$\frac{1}{1-c} > \frac{c}{1-c}$$

となるので，ΔG と ΔT が同額の場合，政府支出の増加の方が減税より所得増加の効果が大きいことがわかる。

第5章　貨幣と利子率

1　貨幣の機能と範囲

　前章までの所得決定のマクロ経済分析からわかるように，民間投資の決定には利子率が重要な役割を果たしている。そこで，次に利子率がどのように決定されるかをみていく。利子率は貨幣市場において，貨幣の需要と供給によって決定される。利子率決定の出発点として，貨幣とは何かを確認しておく。

　貨幣は次のような機能を有するものである。

（1）　支払手段・交換手段機能

（2）　価値尺度機能

（3）　価値貯蔵機能

このような機能を有するものを貨幣と呼ぶ。

　経済活動に使われる貨幣は，現金通貨と預金通貨に分けることができる。現金通貨は，文字通り紙幣・硬貨からなる現金である。預金通貨は，普通預金・当座預金から成る信用貨幣である。ゆえに，経済活動に使われる貨幣量であるマネー・ストックは基本的には現金通貨と預金通貨の合計と考えることができる。すなわち，

　　　マネー・ストックM＝現金通貨C＋預金通貨D

となる。ここで，現金通貨はCash（現金）の頭文字をとってCで表している。

預金通貨のＤは，Deposit（預金）の頭文字のＤである。

預金通貨の範囲は，普通預金・当座預金だけでなく定期性預金も含めることができるので，貨幣の範囲を拡大することができる。さらに，譲渡性預金（ＣＤ）を加えるともっと範囲を拡大することができる。

マネー・ストック＝現金通貨＋預金通貨＋定期性預金＋譲渡性預金

これに郵便貯金，農協・信用金庫の預金，信託銀行の金銭信託を加えたものを広義流動性という。このように預金通貨の範囲は幅広く考えることができるが，ここでは，銀行における普通預金と当座預金の範囲で考える。次に，現金通貨および預金通貨の供給がどのように行われるかをみていく。

2　現金通貨の供給

紙幣の形をとる現金通貨は，中央銀行である日本銀行によって供給される。現金には政府によって供給される硬貨もあるが，その供給については省略する。現金が供給されるルートは３つである。第１は，金・外貨の買い上げによる現金通貨の増加である。日本銀行は政府からの委託によって金や外貨を買い入れ，現金通貨を供給している。第２は，政府に対する信用供与である。政府の予算が不足するとき政府短期証券を日本銀行が引き受けることで現金通貨が増発される。第３は，民間金融機関に対する信用供与である。日本銀行は「銀行の銀行」として，民間銀行から債券・株式を買い入れたり，貸付・手形の割引によって現金通貨を供給している。

現金通貨はこの３つのルートを通じて供給されるが，日銀によって経済に供給される現金のうち現金通貨として経済活動に使用されるもの以外に民間金融機関が預金に対して現金準備として銀行内に保有しているものがある。この部分は経済活動に使われないので現金通貨には含めない。したがって，日銀によって供給される現金の総額は，現金通貨Ｃと現金準備Ｒの合計となる。現金

の総額をハイパワード・マネーあるいは，マネタリー・ベースという。すなわち，

　　ハイパワード・マネー H ＝現金通貨 C ＋現金準備 R

となる。

3　預金通貨の供給

　現金通貨は紙幣の形で見ることができるが，預金通貨は銀行預金であるから形がないので見ることはできない。その供給は，銀行の貸出活動を通じて創り出される。これを信用創造という。預金通貨の供給の基本的なメカニズムは次のようになる。まず，金融機関は家計の預金を基にして貸付を行い利益を得る。その際，金融機関は預金者の引き出しに備えて預金の一部を準備金として保有し，それを日本銀行に開設してある日本銀行当座預金口座に預ける。この預金に対する準備金の割合を預金準備率という。この関係をもとにして預金通貨の創造を説明することができる。

　いま，A 銀行が個人から 1,000 万円を預かったとする。これにより，まず A 銀行に預金通貨 1,000 万円が生じることになる。預金準備率を 10％と仮定すると，A 銀行は 100 万円を準備金として保有し，900 万円を貸し出すことができる。このお金が取引に使われ，B 銀行に預金されるとすると B 銀行に 900 万円の預金が生まれる。B 銀行でも準備率 10％に相当する 90 万円を準備預金として，残りの 810 万円を貸し出す。このお金が取引の結果として C 銀行に預けられるとすると，次に C 銀行に 810 万円の預金が生まれる。C 銀行も 10％の準備金 81 万円を残し，729 万円を貸し出しに回す。こうしたプロセスによって銀行の貸出活動を通じて預金通貨が創造されていく。これが信用創造プロセスである。

　この信用創造によってどれだけの預金通貨が創造されたかを知るには，各銀

行の預金を合計することによって求められる。すなわち，

$$預金総額 = 1,000 + 900 + 810 + 729 + \cdots$$
$$= 1,000\,(1 + 0.9 + 0.9^2 + 0.9_3 + \cdots)$$
$$= 1,000 \times 10 = 1億円$$

となる。上の式より，預金総額は，最初の預金（1,000万円）×預金準備率（10%）の逆数となる。この関係は，次のように一般化できる。

最初の預金額（本源的預金）をD_0，預金準備率をrとすると，A銀行の最初の預金（1,000万円）はD_0であり，B銀行の預金900万円は$D_0 \times (1 - r)$となる。さらに，C銀行の預金額810万円は$D_0 \times (1 - r)^2$となる。ゆえに，預金総額Dは，

$$D = D_0 + D_0(1 - r) + D_0(1 - r)^2 + \cdots$$
$$= D_0(1 + (1 - r) + (1 - r)^2 + \cdots)$$
$$= \frac{1}{r} D_0$$

で求められる。ここで，預金準備率の逆数である$\frac{1}{r}$を信用創造乗数という。つまり，預金通貨は本源的預金に信用創造乗数を乗じた大きさとなる。上記の例では，$r = 0.1(10\%)$なので信用創造乗数は，

$$\frac{1}{r} = \frac{1}{0.1} = 10$$

となる。

次に，経済活動に使われる貨幣量である現金通貨と預金通貨の合計（マネー・ストック）の決定式をみておく。

マネー・ストック M = C + D

ハイパワード・マネー H = C + R

より，$\dfrac{H}{M} = \dfrac{C+R}{C+D}$ となる。右辺の分母・分子を預金通貨 D で割ると，

$$\frac{H}{M} = \frac{C+R}{C+D} = \frac{\dfrac{C}{D} + \dfrac{R}{D}}{\dfrac{C}{D} + \dfrac{D}{D}} = \frac{g+r}{g+1}$$

となる。ここで，$g = \dfrac{C}{D}$，$r = \dfrac{R}{D}$ である。g は現金・預金比率であり，r は預金準備率である。ここから，マネー・ストックの決定式を得る。

$$M = \frac{g+1}{g+r} H$$

　この式は，マネー・ストックの大きさが，ハイパワード・マネー H に $\frac{g+1}{g+r}$ を掛けた大きさになることを意味している。ここで，$\frac{g+1}{g+r}$ を貨幣乗数という。ハイパワード・マネーは日本銀行の金融政策によって増減できるので，金融緩和政策によってハイパワード・マネーが増加されると，その貨幣乗数倍のマネー・ストックが生み出されることになる。

4　貨幣需要

　次に，貨幣需要についてみていく。人々が貨幣を保有することを貨幣需要という。貨幣需要には，大きく分けて 2 つの理由がある。その一つは，支払手段としての貨幣を保有することで経済的な取引を円滑にするためである。これについては，取引動機と予備的動機に分けることができる。取引動機は文字通り日常の取引を円滑にするために貨幣を保有するということである。予備的動機

は日常において不測の出来事に備えて貨幣を保有するということである。これも広い意味では，日常の経済取引を支障なく行うための貨幣需要である。そこで，この2つの動機を合わせて取引貨幣需要L_1と呼ぶ。取引貨幣需要は所得の大きさに応じて増えると考えられるので，所得の増加関数として扱うことができる。

$$L_1 = L_1(Y)$$

これを図にすると，図1のように表せる。

図1　取引貨幣需要

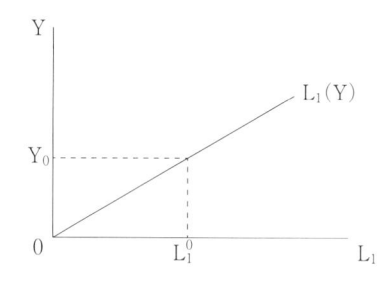

　貨幣を需要する二つ目の理由は資産としての保有である。貨幣は価値貯蔵手段の機能をもつので，債券や株式と同様に資産保有の手段となる。これを投機的貨幣需要L_2という。貨幣は債券や株式と異なり保有しているだけでは利子や配当を生まないし，値上がりによるキャピタル・ゲインを得るチャンスもない。その一方で，債券や株式のように値下がりによる資産価値減少の危険もない。そこで，資産としての貨幣需要を考察する場合には，貨幣で保有することが有利か，債券等を保有した方が有利かの選択を考えることになる。これを理解するために，貨幣の代替資産を債券として，両者の間での選択としての貨幣需要を考察する必要がある。

　債券は発行されると市場で取引されるので，市場価格が付くことになる。また，年々の利子は発行時点で決められる。これを確定利子という。この確定利

子を債券の市場価格で割ったものが利回り，すなわち利子率である。ここから，債券の市場価格と利子率は逆に動くことがわかる。利子率が高い時には債券価格は低く，利子率が低い時には債券価格は高い。そこで，債券価格が低く，利子率が高い時には，値上がりを期待し安い債券を購入することが有利になるので，投機的貨幣需要は減少する。一方，債券価格が高く，利子率が低い時には，高い価格の債券を手放して利益を得ようとするので，貨幣を手離して債券を購入するので投機的貨幣需要が増える。ゆえに，投機的貨幣需要L_2は利子率の減少関数となる。

$$L_2 = L_2(i)$$

これを図にすると，図2のような右下がりの曲線となる。ただし，利子率がある水準まで低下すると，それ以上低下するとの予想が立たなくなり，市場参加者が一斉に利子率の上昇，すなわち債券価格の下落を予想するようになるために，人々が債券を手放して貨幣を保有するようになる。こうなると貨幣需要曲線は横軸に水平となる。この状態を流動性のわなという。流動性のわなのところで曲線は水平になる。

図2　投機的貨幣需要

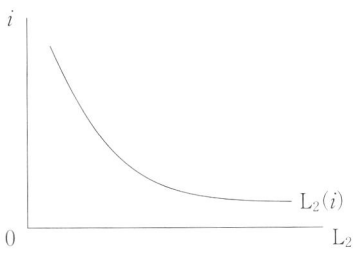

貨幣需要は取引貨幣需要L_1と投機的貨幣需要L_2の合計となる。

$$L = L_1(Y) + L_2(i)$$

5 利子率の決定

　利子率は，貨幣市場における貨幣供給Mと貨幣需要Lが均衡するところで
決定されるので，

$$M = L_1(Y) + L_2(i)$$

となる。ここで，金融政策に変更がなければ，短規的にはマネー・ストック
Mは一定と想定できる。貨幣市場における利子率の決定は図3にようになる。
横軸に貨幣供給Mと貨幣需要Lが測られており，縦軸は利子率iである。Mは
一定であるので，垂直な線で表される。Lは出発点で一定と仮定されるL_1と
利子率の減少関数であるL_2を合計した形で右下がりの曲線として描かれる。

図3　市場利子率の決定

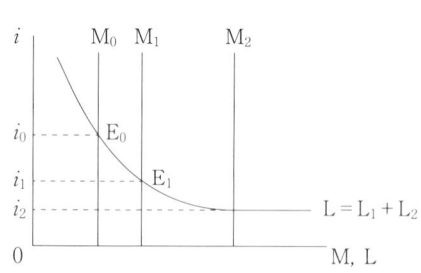

　ここで，貨幣供給がM_0とすると，MとLの交点E_0に対応して，均衡利子率
がi_0に決定される。
　均衡利子率i_0において，金融緩和政策によりマネー・ストックが増加すると，
図3に示されるように貨幣供給曲線はM_0からM_1へと右方にシフトするので，
貨幣需要曲線との交点がE_0からE_1に移り，均衡利子率はi_0からi_1に低下する。

　ただし，貨幣市場が流動性のわなに陥っている場合には，貨幣需要曲線が水平になっているので，貨幣供給量が増えたとしても利子率は低下しない。これを表しているのが，図3の貨幣量のM_2への増加である。

第6章　IS-LM分析

　これまで，生産物市場（財市場）において総需要Dと総供給Yによって均衡GDPが決定され，貨幣市場で貨幣供給Mと貨幣需要Lによって均衡利子率が決定されることをみてきた。これまでは生産物市場と貨幣市場を別々に扱ってきたが，現実の経済においては所得水準の変化が利子率の変化に大きな影響を与えるし，利子率の変化もGDPの変化に影響する。たとえば，貨幣市場で利子率が下がると，生産物市場での投資の増加により所得が増加するが，その所得増加は取引貨幣需要の増加を通じて，貨幣市場で利子率に上昇圧力を生み出す。その意味で，生産物市場と貨幣市場は相互依存の関係にある。そこで，均衡GDPの決定と均衡利子率の決定を1つのフレームワークの中で展開することによって2つの市場の相互依存関係を説明する必要がある。それがIS-LM分析である。

1　生産物市場とIS曲線

　IS-LM分析のための分析ツールの1つがIS曲線である。これは生産物市場における均衡GDPと利子率の関係を表すものであり，次のようにして導出することができる。

　IS曲線を導出するポイントは，投資Iが利子率の減少関数であることを確認しておくことである。投資関数 $I = I(i)$ にしたがって，投資は利子率が低下すると増加し，利子率が上昇すると減少する。図1（A）には，総需要Dと総供給Yの均衡によるGDPの決定が示されている。ここで，総需要は $D = C + I +$

Gである。YとDの均衡点E_0に対応して，均衡GDPはY_0になる。ここで，投資Iは利子率の減少関数であるから，利子率がi_0からi_1に低下すると，投資はI（I_0）からI（i_1）に増加する。図1（A）に示されるように，投資の増加により総需要線はD_0からD_1へと上方にシフトする。その結果，均衡点がE_0からE_1に移るので，GDPはY_0からY_1へと増加する。ここから，利子率の低下が所得を増加させることがわかる。

　ここで，横軸に所得Y，縦軸に利子率iをとった図1（B）に所得と利子率の関係を描くと右下がりの曲線が得られる。これがIS曲線である。IS曲線は所得と利子率の組み合わせの線であるが，図1（A）に対応させるとわかるように，均衡点E_0およびE_1におけるY_0とY_1は図1（B）では，IS曲線上の点F_0，F_1に対応している。ここから，IS曲線上では，生産物市場の均衡が成立していることがわかる。

図1　生産物市場とIS曲線

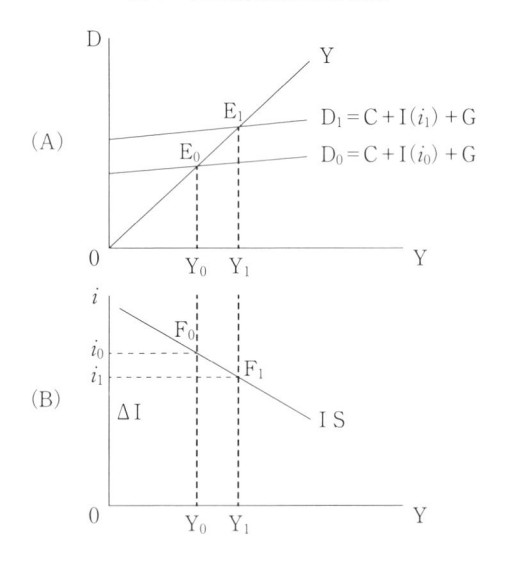

2　IS曲線のシフト

　次に，IS曲線のシフトについてみていく。IS曲線は利子率が低下すると所得が増加する関係を示しているが，利子率以外にも需要の増加があれば所得は増加する。図2（A）において，総需要線D_0のもとで均衡点E_0において所得がY_0に決まっているとする。ここで政府支出GがΔG増加すると，総需要線はD_1へと上方シフトする。その結果，均衡点はE_1に移り，所得はY_0からY_1に増加する。ここでは利子率は変化していない。

　この関係を図2（B）でみると，利子率はi_0のままで変化せず，所得だけがY_1に増加する。それを表すためにはIS曲線をIS_0からIS_1にシフトさせればよい。ここからわかることは，利子率以外の要因によって総需要が増加する場合には，IS曲線の右方へのシフトによって表すことができるということである。逆に，総需要が減少する場合にはIS曲線を左方にシフトさせればよい。

図2　IS曲線のシフト

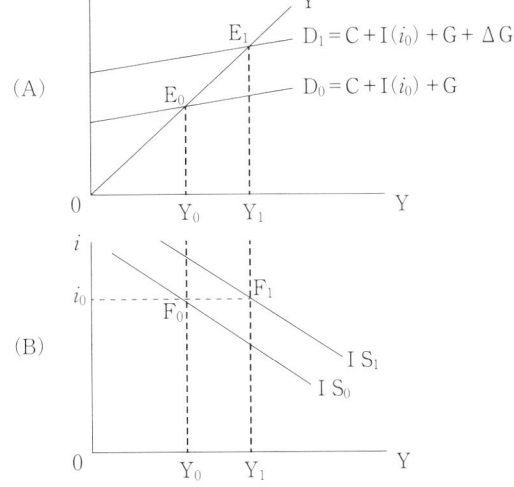

3 貨幣市場とLM曲線

次に，IS-LM分析のもう一つのツールであるLM曲線を導出する。LM曲線は貨幣市場における所得と利子率の組み合わせを示した曲線である。貨幣市場では，貨幣供給と貨幣需要によって利子率が決まる。図3（A）において，貨幣供給がM_0に与えられるとする。貨幣需要は取引貨幣需要$L_1(Y)$と投機的貨幣需要$L_2(i)$から成る。所得がY_0に与えられると，取引貨幣需要$L_1(Y_0)$が決まり，そこから利子率の減少関数としての投機的貨幣需要$L_2(i)$を右下がりの曲線として描くと，貨幣需要曲線Lとなるので，両曲線の交点E_0に応じて均衡利子率がi_0に決まる。

ここで，所得がY_0からY_1に増加すると，取引貨幣需要が$L_1(Y_0)$から$L_1(Y_1)$に増加する。その結果，貨幣需要曲線が右方シフトするので，MとLの均衡点がE_1に移るために，利子率がi_0からi_1に上昇することになる。

そこで，横軸に所得Y，縦軸に利子率iをとった図3（B）に所得と利子率の関係を描くと，右上がりの曲線となる。この曲線は所得が増加すると利子率が上昇する関係を表している。これがLM曲線である。ここで重要なことは，LM曲線上のF_0点およびF_1点は，貨幣市場の均衡を表すE_0点およびE_1点に対応しているということである。ゆえに，LM曲線上では貨幣市場の均衡が成立しているということであり，LM曲線上に対応する利子率は均衡利子率である。

図3　貨幣市場とLM曲線

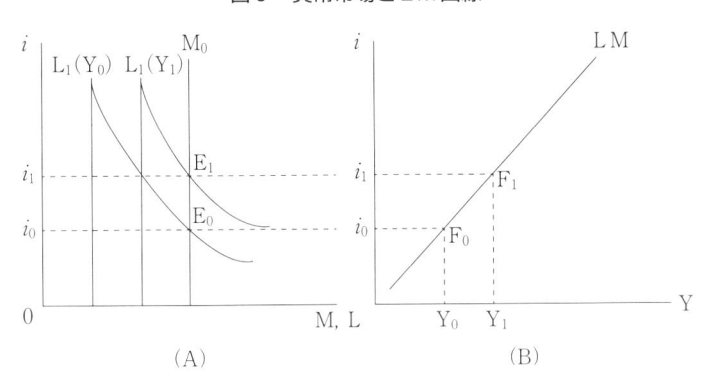

4　LM曲線のシフト

　LM曲線は所得の増加が利子率を上昇させるという関係を示しているが，利子率は所得の変化以外の要因によっても変化する。たとえば，金融緩和政策により貨幣供給Mが増加すると，利子率は低下する。これを図4（A）で表現すると，垂直に描かれる貨幣供給曲線がM_0からM_1シフトするので，均衡点のE_0からE_1への変化に対応して利子率がi_0からi_1に低下する。

　この変化を図4（B）のLM曲線でみると，所得はY_0で変わらないが，利子率だけがi_0からi_1に低下するので，それはLM曲線がLM_0からLM_1へと右方にシフトすることを意味する。これがLM曲線のシフトである。

　ここからわかることは，所得以外の要因によって貨幣供給が貨幣需要を上回る場合には，LM曲線が右方にシフトし，利子率が低下するということである。逆に，貨幣供給より貨幣需要の方が大きくなる場合には，LM曲線が左方にシフトし，利子率は上昇する。

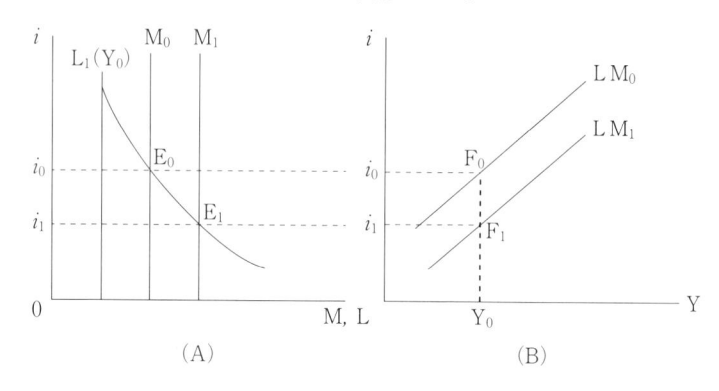

図4　ＬＭ曲線のシフト

(A)　(B)

5　GDPと利子率の同時決定

　生産物市場における均衡GDPを表すIS曲線と貨幣市場における均衡利子率を表すLM曲線によって，均衡GDPと均衡利子率の同時決定を表すことができる。図5にはIS曲線とLM曲線が描かれている。両曲線の交点E_0に対応するところで，均衡GDPY_0と均衡利子率i_0が同時決定される。

図5　生産物市場と貨幣市場の同時均衡

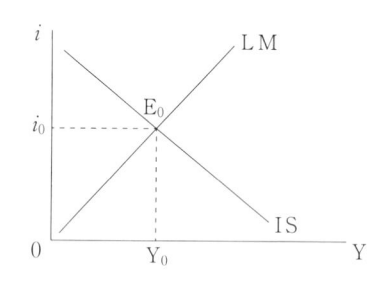

　生産物市場と貨幣市場を1つのフレームワークの中に入れることによって，両市場における所得と利子率の相互作用を説明することができる。たとえば，両市場が均衡している状態から出発して，何らかの理由で消費か投資，あるいは

政府支出が増加すると，総需要の増加によって生産物市場で所得Yが増加する。所得の増加は貨幣市場において取引貨幣需要L_1(Y)を増加させるので，貨幣市場で利子率が上昇することになる。利子率の上昇は生産物市場において投資I(i)を減少させるので，所得Yを抑制することになる。ここに両市場の相互作用をみることができる。この関係は次のように表すことができる。

$$Y = D, \ M = L \rightarrow D増加(Y < D) \rightarrow 所得Y増加 \rightarrow 取引貨幣需要L_1(Y)$$
$$[生産物市場]$$

の増加　→　M＜L　→　利子率上昇　→　投資I(i)減少　→　所得Y抑制
　　[貨幣市場]　　　　　　　　　　　　　　　[生産物市場]

6　財政政策の効果

　IS-LM曲線の交点で生産物市場と貨幣市場の同時均衡が決まり，均衡GDPと均衡利子率が決定される。ただし，両市場が均衡するからといって完全雇用が実現するわけではない。すでにみたように，生産物市場は有効需要の原理にしたがって総需要と総供給が均衡するところで均衡GDPが決まるが，それは完全雇用を保証するものではない。現実の経済は失業を抱えたままで均衡することがある。不完全雇用均衡である。先に示した図5の均衡点E_0に対応するY_0が完全雇用GDPより低かったとすると，この経済には失業が存在することになる。

　失業を解消し，完全雇用を実現するためには財政政策や金融政策を通じて総需要の増加が必要となる。そこで，ここではIS-LM分析にもとづいて財政・金融政策の効果を検討する。

　まず，財政政策の効果をみていく。いま，図6においてIS曲線とLM曲線の交点E_0で所得がY_0，利子率がi_0に決まっているとする。ここで，完全雇用を実現するために財政政策により政府支出が増加されたとすると，IS曲線が右

方にシフトする。その結果，IS-LM曲線の均衡点がE_0からE_1に移るので，新たな均衡GDPと均衡利子率はY_1，i_1となる。所得の増加に注目すると，所得がY_0からY_1に増加することによって雇用が増加するので，失業が減少すると考えられる。ゆえに，財政政策は失業対策として有効であるといえる。

図6　財政政策の効果とクラウディング・アウト効果

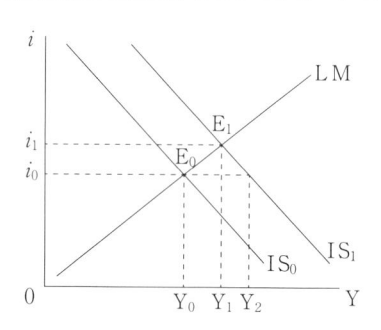

ただし，図6からわかるように，所得がY_0からY_1に増加する過程で利子率がi_0からi_1に上昇していることに注意する必要がある。すでにみたように，生産物市場と貨幣市場は相互に関連しているので，所得の増加は取引貨幣需要を増加させるために貨幣市場で利子率を上昇させることになる。この利子率上昇は生産物市場で投資にマイナスに作用するために，民間投資を減少させることになる。結果として，政府支出の増加は利子率を一定と仮定した場合に比べて所得の増加を抑制することになる。これをクラウディング・アウト効果という。もし利子率が上昇しなければ所得はY_2まで増加したはずである。また，政府支出の拡大がなされても，民間企業の景気への期待が小さい場合には，積極的に投資がなされないために，政府支出の乗数効果は小さくなる。この場合にはIS曲線のシフトが小さいために，所得増加の効果が小さくなる。

　なお，景気が過熱し，インフレが生じているような場合には所得の増加を抑制する必要がある。その時には財政の引き締めが必要になる。それはIS曲線を左方にシフトさせる政策として理解することができる。

7　金融政策の効果

　金融政策による所得拡大策としては，金融緩和政策によるマネー・ストックの増加がある。図7に示されるようにLM曲線が右方にシフトすることにより IS・LM曲線の交点がE_0からE_1に移り，所得はY_0からY_1に増加することになる。

図7　金融政策の効果

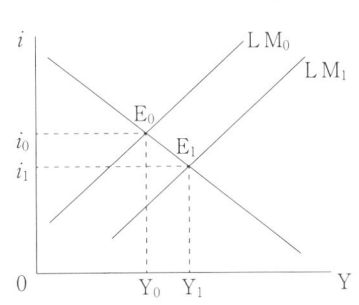

　この場合には，貨幣供給量の増加が貨幣市場で利子率を低下させるために，それに応じて民間投資が増加し，所得を増加させるルートが想定されているということである。すなわち，

　マネー・ストックの増加 → 利子率低下　　→　　民間投資増加 → 所得増加
　　　　　　（流動性のわな）　（投資の利子非弾力性）

ただし，このルートによる金融政策の効果が有効であるためには，まず，マネー・ストックの増加が利子率の低下をもたらす必要がある。もし貨幣市場が流動性のわなに陥っている場合には，利子率が低下しないために，このルートによる効果が有効でなくなる。これはLM曲線が横軸に水平な状態である。ま

た，利子率が低下したとしても，民間投資がそれに反応して増加しない場合にも金融政策は有効性を失うことになる。これを投資の利子非弾力性という。この場合には，IS曲線が垂直となる。

第7章　国際収支と為替レート

　これまでは海外との取引を捨象した封鎖経済を前提にして，均衡GDPの決定を中心にしたマクロ経済の分析を展開してきた。ここからはこれまでの経済分析をベースにして，それを海外との経済取引を含めた国際マクロ経済分析へと拡張していく。その出発点として，本章では国際マクロ経済分析に必要な基本的な概念や制度的な枠組みを確認し，国民所得の決定というマクロ経済学の基本理論を開放経済へと拡張する。

1　国際収支表

　まず，海外との取引を含めた経済分析を展開するために最も基本的な概念として国際収支をみておく。国際収支とは，一定期間における対外経済取引を体系的に記録したものである。これによって，外国との財・サービスの取引がどうなっているかを知ることができるだけでなく，国際間の資金移動がどうであるかについても理解することができる。

　図1に国際収支表が示されている。国際収支表は大きく，（1）経常収支，（2）資本移転等収支，（3）金融収支に分けられる。

（1）　経常収支は，財・サービスや所得に関する対外取引や経常移転を示すものであり，貿易・サービス収支，第一次所得収支，第二次所得収支に分けられる。貿易・サービス収支は貿易収支とサービス収支の合計である。このうち，貿易収支はモノの輸出と輸入の差であり，サービス収支は輸送費，通信費，金融，保険，旅行など形のない取引の収支である。第一次所得収

支は外国で得た雇用者報酬や対外資産からの投資収益であり，投資収益としては配当，利子，工場からの収益などがある。第二次所得収支は国際機関への拠出，食料・医薬品の無償援助など，寄付，贈与などの収支である。経常収支のうち，主なものは貿易収支である。

（2）　資本移転等収支は，政府が外国に行う道路，港湾整備等の資本形成に関する収支である。

（3）　金融収支は，対外金融資産・負債の取引の収支を示すものであり，海外に工場を建てるなどの直接投資や外国の債券・株式を購入する証券投資，さらには外貨準備からなるものである。

　国際収支表は，一国の国際経済取引の状況を知るために必要なものである。たとえば，外国に対する財・サービスの輸出と輸入の状況を知るには「貿易・サービス収支」を見ればよいし，国際間の債券や株式の取引状況を知るには「金融収支」を見ることになる。

　国際収支において，貿易・サービス収支を主とする経常収支が黒字になると対外資産は増加する。対外資産の増減は金融収支が示すので，金融収支も黒字になる。逆に，経常収支が赤字になると，金融収支が赤字になり，対外資産が減少する。したがって，資本移転等収支を無視するとすれば，経常収支と金融収支は表裏一体の関係にあり，国際収支＝経常収支＋（資本移転等収支）－金融収支＝0という関係になる。

図 1　国際収支表

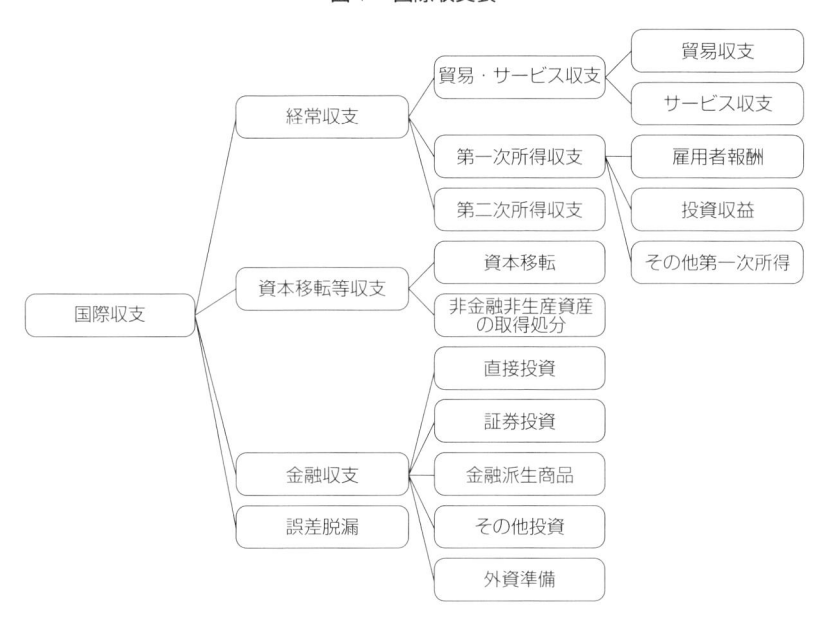

2　為替レート

　マクロ経済活動について海外取引を含める場合には，為替レートが問題にな
る。たとえば，海外に財・サービスを輸出する場合には，外国から代金を受け
取ることになるが，日本国内では外国の通貨が使えないために，外貨を円に交
換する必要がある。また，外国から石油や鉄鋼を輸入する場合には外国に代金
を支払う必要があるが，円を外貨に換えて支払うことになる。このときの円と
外貨の交換比率を外国為替レートという。

　為替レートのうち，外貨 1 単位の価値を円で表示するやり方を円建て（ある
いは邦貨建て）為替レートという。たとえば，1 ドル = 100 円という表示の仕
方である。本書では，為替レートについては，円建てレートで表示する方式を
とる。

たとえば，1ドル＝100円が，1ドル＝120円になると，円のドルで表示した価値が低下するので，円の減価であるから円安（ドル高）と呼ばれる，他方，1ドル＝90円になると，円の価値が増価したので円高（ドル安）と呼ばれる。

いま，ドル安になっているとする。ドル安になればなるほどアメリカ製品は日本製品に対して相対的に割安となり，アメリカ製品に対する需要が増加する。つまり，アメリカからの輸入が増加すると輸入代金の支払いのためにドルが必要になるので，円をドルに換える動きが活発となってドル需要が増加する。そのために，円が売られ，ドルが買われることになると，円安・ドル高へと為替レートが変化すると考えられる。

逆にドル高になればなるほど，日本の輸出品はアメリカ製品に比較して相対的に割安となる。このため日本からアメリカへの輸出が増加する。輸出代金の決済のため，アメリカから支払われたドルが円に換えられるので，円が買われ，ドルが売られることになるので，為替レートは円安・ドル高から円高・ドル安へと修正されることになる。

3　為替相場制度

為替レートがどのように決定されるのかを明らかにすることは国際マクロ経済学の主要なテーマのひとつであるが，ここでは，為替レートの動きを規定する為替相場制度をみておく。

為替相場制には，固定為替相場制と変動為替相場制の2つがある。固定為替相場制は，為替レートが一定の値に決められて変化しない制度である。戦後，国際通貨制度は長い間に渡って固定為替相場制をとってきた。日本の円の場合は，1ドル＝360円に固定されていた。しかし，1973年に変動相場制に移行し，それ以降は変動相場制のもとで為替レートが決められている。変動相場制では，為替レートは通貨の需要と供給によって決められることになるので，その時々の需給によって為替レートは日々変動することになる。

この二つの制度にはそれぞれ長所と短所がある。固定相場制度では為替変動

のリスクがないので，貿易を行う企業にとっては貿易から得られる収益が安定している。しかし，国内均衡（完全雇用と物価安定）と対外均衡（国際収支の均衡）の両立が困難になる。たとえば，国際収支が赤字になると，為替レートを一定に維持するために金融引き締め政策をとり輸入を減少させ，国内では引き締め政策により景気が悪化するので失業が発生することになる。対外均衡を優先すると国内均衡を損なうということである。

　一方，変動相場制では，その時々の国際収支の動きに応じて為替レートが変化するために，つねに為替レートの変化により収益が変動するというリスクがある。ただし，国際収支が不均衡になっても為替レートが自動的に変化して均衡に導くために，国内経済が不均衡で失業が発生する場合には，財政・金融政策を主に国内均衡のために使うことができる。

　このように，それぞれ長短があるが，現在は変動相場制であるために，本書におけるマクロ経済分析も変動相場制を前提にして行う。

第8章　開放経済におけるGDPの決定

1　開放経済における均衡GDPの決定

　ここからは，海外取引を含む開放経済におけるマクロ経済分析を展開していく。まず，生産物市場における均衡GDPの決定からみる。第2章でみたように，均衡GDPは有効需要の原理にしたがって，総需要と総供給が一致するところで決定される。これまでは，総需要Dを消費C＋投資I＋政府支出Gの形で表してきたが，海外取引を含むことにより，ここに外需である輸出X－輸入Mを加えることになる。そこで，総需要は，

$$D = C + I + G + X - M$$

となる。したがって，均衡GDPの決定は，総供給＝総需要，すなわち，

$$Y = C + I + G + X - M$$

となる。基本的には，第2章で示された（1）式に輸出Xと輸入Mを加えたものであり，総需要＝総供給によって均衡GDPが決まるという原理に変わりはない。

　次に，新たに加わった輸出Xと輸入Mを決定する要因をみていく。輸出は

財・サービスを外国に売るということであるから，それだけ国内の総需要の増加となる。輸出を決定する要因としては，為替レートや外国の経済状況等があるが，ここでは単純化してこうした要因は一定であると仮定しておく。したがって，輸出の大きさは一定とする。すなわち，

$$X = X_0$$

輸入Mは，外国から財・サービスを買うということであるから，それだけ国内の需要が外国に漏れていくことを意味する。したがって，輸入の分だけ総需要は減少することになる。

　輸入を決める要因としては，自国のGDPがあげられる。国内でGDPが増加すると外国からの原材料や製品の輸入が増えるために，輸入はGDPの増加関数と考えられる。そこで，GDPが増加するとき輸入がどのくらい増加するかを示す限界輸入性向$\frac{\Delta M}{\Delta Y}$を$m$とすると，

$$M = M_0 + mY$$

と表すことができる。これを輸入関数という。この式で，M_0は基礎輸入の大きさであり，GDPの動きに関係なく，経済活動のために常に輸入される一定額の大きさである。

　そこで，開放経済における均衡GDPの決定モデルを示すと次のようになる。

$$Y = D \quad （均衡条件）$$
$$D = C + I + G + X - M \quad （総需要の定義式）$$
$$C = C_0 + c（Y - T_0） \quad （消費関数）$$
$$I = I（i） \quad （投資関数）$$
$$G = G_0 \quad （政府支出）$$
$$T = T_0 \quad （租税）$$

$$X = X_0 \quad （輸出）$$
$$M = M_0 + mY \quad （輸入関数）$$

生産物市場の均衡条件式$Y = D$にそれぞれの条件を代入すると，均衡GDPの式が得られる。

$$Y = C_0 + c(Y - T_0) + I(i) + G_0 + X_0 - (M_0 + mY)$$

さらに，これをYについて解くと，

$$Y = \frac{1}{1 - c + m} (C_0 - cT_0 + I + G_0 - M_0)$$

となる。これが均衡GDPの決定式である。

2　輸入誘発効果

　海外取引を含む均衡GDPの決定式にもとづいて，輸出および輸入がGDPに与える効果を分析することができる。たとえば，いま輸出がΔXだけ増加したとすると，GDPの増加は，

$$\Delta Y = \frac{1}{1 - c + m} \Delta X$$

となる。つまり，輸出増加ΔXは，それに$\frac{1}{1 - c + m}$を乗じただけGDPを増加させることになる。ここで，$\frac{1}{1 - c + m}$を外国貿易乗数という。

　だたし，輸出の増加によってGDPが増加すると，輸入関数$M = M_0 + mY$にしたがって輸入も増えることになる。そこで，輸出の増加が所得の増加を通じてどれだけの輸入を増加させるかを示すことができる。まず，輸出と所得増加の関係は，

$$\Delta Y = \frac{1}{1 - c + m} \Delta X = \frac{1}{s + m} \Delta X$$

となる。次に所得増加と輸入増加の関係をみると，輸入関数より，

$$\Delta M = m \Delta Y$$

となるので，

$$\Delta M = m \cdot \frac{1}{s + m} \Delta X = \frac{m}{s + m} \Delta X$$

となる。これを整理すると，

$$\Delta M = \frac{1}{\dfrac{s}{m} + 1} \Delta X$$

が得られる。ここで，$\dfrac{1}{\dfrac{s}{m} + 1}$ は，輸出の増加が輸入をどれだけ増加させるかを示す係数であり，これを輸入誘発係数という。輸出の増加が輸入を増加させることを輸入誘発効果という。なお，輸入誘発効果は輸出以外にも，民間投資の増加や政府支出の増加によっても生み出される。

3　総需要の変化と貿易収支

次に，輸出の変化と貿易収支の関係をみておく。貿易収支をBとすると，

$$B = X - M$$

となる。ここで，いま貿易収支が均衡している状態で，輸出の増加が貿易収支をどのように変化させるかをみてみる。まず，輸出増加 ΔX と輸入増加 ΔM による貿易収支の変化は次のように表せる。

$$\Delta B = \Delta X - \Delta M$$

ここで，輸出の増加による輸入の増加は，$\Delta M = \dfrac{1}{\dfrac{s}{m}+1} \Delta X$ であるから，

$$\Delta B = \Delta X - \frac{1}{\dfrac{s}{m}+1} \Delta X = \frac{s}{s+m} \Delta X$$

となる。ここで，限界貯蓄性向 s も限界輸入性向 m もともにゼロより大きく，1より小さいので，$0 < \dfrac{s}{s+m} < 1$ となるために，輸出の増加分より輸入の増加分 ΔM の方が小さくなる。ゆえに，この面からは，輸出の増加は貿易収支を黒字化することを意味するといえる。

　次に，政府支出の増加が貿易収支に与える影響をみる。ここでは輸出の増加はないものとする。まず，政府支出の増加により所得が増加するが，それは次のようになる。

$$\Delta Y = \frac{1}{s+m} \Delta G$$

このとき，貿易収支は，

$$\Delta B = \Delta X - \Delta M = \Delta X - m \Delta Y$$

$$= \Delta X - \frac{m}{s+m} \Delta G$$

となる。輸出は増加しないと仮定しているので，$\Delta X = 0$ とすると，

$$\Delta B = - \frac{m}{s+m} \Delta G$$

となる。ゆえに，政府支出の増加は貿易収支を悪化させることがわかる。同じことは国内投資の増加についてもいえる。ここからわかることは，いわゆる内需の拡大は貿易収支の黒字を減らすか，赤字を拡大させることになるということである。

第9章 オープン・マクロ経済政策

　第8章では，国民所得決定論をベースにして，そこに輸出と輸入を加えるという形でオープン・マクロ経済学を展開したが，本章では，第6章で展開したIS-LM分析を用いてそれをさらに拡張していく。

　IS-LM分析では，財市場と貨幣市場を1つのマクロ経済モデルに入れることによって，国民所得と利子率の同時決定を説明することができた。ここでは，財市場と貨幣市場の均衡に加えて，国際収支の均衡を説明するモデルを展開する。これは，マンデル・フレミングモデルといわれるものである。

　国際収支は，経常収支と金融収支を足し合わせたものとなり，通常，経常収支は輸出 − 輸入（純輸出），金融収支は資産 − 負債と表される。経常収支は為替レートおよびGDPに影響され，金融収支は利子率に影響される。

　つまり，経常収支は所得の増加に伴って変化し，金融収支は利子率の上昇に伴って変化する。たとえば，外国の利子率が高い場合，外国の債券などを購入することから，自国において海外資産（外国の債券など）が増加するが，自国の利子率が高い場合，外国が自国の債券などを購入することになり，自国の海外資産は減少することになる。自国の海外資産が増加するということは，自国の資本が外国へ流出していることになり，自国の海外資産が減少するということは，外国の資本が日本へ流入していることになる。

　これは，利子率によって資本が外国へ流出するか，あるいは，自国へ流入することから，金融収支は資本の移動と置き換えることができる。言い換えれば，資産の増加は資本の流出，負債の増加は資本の流入にあたることになり，金融収支が黒字ということは，資本は流出していることになり，金融収支が赤字と

いうことは資本が流入していることになる。そのため，本書では，金融収支は資本の流出－資本の流入として表していくことにする。

1　Jカーブ効果とオーバーシューティング

　為替レートの変化は国際収支を変化させる。しかし，現実の経済では為替レートの変化が経常収支を変化させるまでにタイムラグが発生する。つまり，為替レートの変化がおこったとしても，すぐには経常収支は変化せず，徐々に変化していくのである。このように為替レートが経常収支に対して反対の方向へ変化するが，時間の経過とともに本来の方向へ変化することをJカーブ効果と呼ぶ。

図1　Jカーブ効果

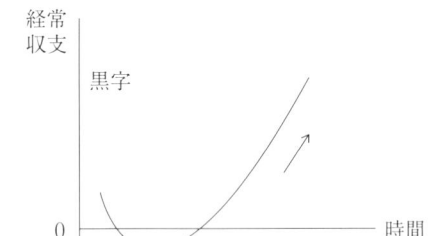

　たとえば，円安の場合，輸出入価格はともに上昇することになるが，数量をみてみると，輸出量は増加するが，輸入量は減少する。しかし，為替レートが変化したからと言って，急に取引量を変更することは現実的には難しく，数量調整には時間がかかるため，数量調整が行われる前には円安から経常収支が悪化することがある。この現象がJカーブ効果である。図1では，円安になり経常収支が悪化しても時間が経過することで数量調整が進み，徐々にJの文字になるように推移していくことが分かる。

　また，貨幣供給量も為替レートを変動させる要因であるが，この変化も一時

的に均衡よりも大きく乖離することが知られている。たとえば，貨幣供給量を増加させると，短期的には物価は硬直的であるため，利子率は下落する。利子率が下落すると，為替レートは円安・ドル高の方向へ動くことになる。しかし，貨幣供給量の増加は長期的には物価水準を上昇させるため，将来はインフレとなると予想する。インフレは通貨を減価（円安）させることになるため，将来，人々は円安になると予想する。

　円安になると予想すると，現在，ドルを購入して，その後，円に換えた方が利益が大きいため，国内の資産は海外へ流出することになる。つまり，円が売られ，ドルが買われることになり，為替レートは，大きく円安にシフトしていく。しかし，時間が経過するとともに，物価水準は上昇していくが，国内の実質貨幣供給量も減少するため，利子率が上昇することになる。そのため，為替レートは落ち着くことになる。

　このように，利子率に反応して資産を移動させるスピードと実際の物価水準とのタイムラグにより為替レートは本来の水準からオーバーシューティングすると考えられる。

2　アブソープション・アプローチ

　為替レートに関係なく，財政赤字や貯蓄不足である国は，経常収支は赤字になると考えられている。この考え方をアブソープション・アプローチと呼ぶ。たとえば，マクロ経済モデルでの財市場の均衡条件は，

$$Y = C + I + G + X - M \tag{1}$$

となる。左辺のYは財・サービスの総供給でGDPを表しているが，右辺は財・サービスの総需要である。これは国内の需要（内需：アブソープション）に外国の需要（外需）を加えたものである。左辺のYは国内の総供給を表すため，下記の式に変更することができる。

$$Y = C + S + T \qquad\qquad\qquad (2)$$

（1）式と（2）式を結ぶと，

$$C + S + T = C + I + G + X - M$$

となり，これを整理すると，

$$X - M = (T - G) + (S - I)$$

　輸出 − 輸入は経常収支であらわされるとすると，（T − G）は財政収支，（S − I）は貯蓄＝投資バランスを表す。つまり，経常収支が黒字になるか赤字になるかは，国内の財政状況と，貯蓄と投資のバランスによって決定される。たとえば，国内が財政赤字であったとしても，貯蓄が過剰であった場合には，経常収支は黒字になる。

3　開放経済における IS 曲線および LM 曲線

　国際貿易も含めた開放経済においては，IS 曲線および LM 曲線は下記のようになる。
　まず，IS 曲線は，

$$Y = C(Y - T) + I(i) + G + NX(e,\ Y)$$

と表される。
　国内の生産物市場に加え，輸出額と輸入額の差額を表す経常収支（NX）が加わることになる。NX（経常収支）は，為替レートが変化すると増減する。たとえば，為替レートが円安・ドル高になると，輸出は増加し，輸入は減少す

るので，経常収支は黒字となる。また，Y（GDP）が増加するならば，輸入を増加させることになるため，経常収支は赤字になる。

　輸出が増加し，経常収支が黒字になった場合にはIS曲線は右方にシフトするが，この状態は国内では財政赤字の状態で貯蓄が多くなっていることを示している。また，輸入が増加し経常収支が赤字になった場合にはIS曲線は左方にシフトするが，この状態は国内において財政黒字で投資超過の状態となっている。

　次に，LM曲線であるが，これは開放経済であっても貨幣の需給について閉鎖経済と変更はなく，

$$\frac{M}{P} = L(Y, \ i)$$

と表される。ここで，右辺の実質貨幣需要は，GDP（国民所得），利子率に影響される。たとえば，国民所得が増加するならば，取引が増加することから実質貨幣需要は増加する。また，利子率が低下すると，債券価格は上昇することから貨幣を現金で保有するため，貨幣需要が増加する。

　ここで金融緩和政策を実施すると，貨幣供給量が増加し，LM曲線は右方にシフトする。LM曲線が右方にシフトすると，利子率が低下するため，総需要を増加させる。このため国民所得が増加することになる。

　ここで，LM曲線がシフトした場合に，総需要が増加するということは，投資を刺激するのと同時に，輸出も増加させる効果をもつ。つまり，利子率の低下は，資本の流出を通じて，為替レートを円安・ドル高にシフトさせ，輸出を増加させるのである。このように金融緩和政策を通じて為替レートも変化するため，総需要が増加し，国民所得も増加するのである。

4 BP 曲 線

　IS-LM分析では，閉鎖経済を前提としており，経常収支や金融収支を考慮していなかった。つまり，為替レートが変化してもGDPに影響を及ぼすことはないとしていたのである。しかし，オープン・マクロ経済モデルでは，経常収支や金融収支の変化もIS-LM分析に加えて，分析をおこなう。そのためのツールとして，BP曲線がある。

　第7章で学習したように，国際収支は，国際収支＝経常収支＋（資本移転等収支）－金融収支＝0となる。つまり，純輸出（経常収支）と純流出（金融収支）が同額になると，国際収支は均衡する状態となる。BP（Balance of Payment）曲線は，国際収支が均衡した状態の国民所得（GDP）と利子率の組み合わせを示した曲線のことである。

　下記の図2は，純流出と利子率の関係，純輸出と所得の関係を示したものである。利子率が上昇すれば，純流出は減少することから右上がりの曲線となる。また，所得が増加すると輸入が増加し，純輸出が減少することから右上がりの曲線となっている。

　利子率がi_1であるとき，純流出はNF_1で同額の純輸出はNX_1となる。NX_1に対応する所得はY_1であることから，純流出＝純輸出の条件を満たすi_1とY_1の組み合わせはC点となる。この関係を表した曲線がBP曲線である。

図2　BP曲線の導出

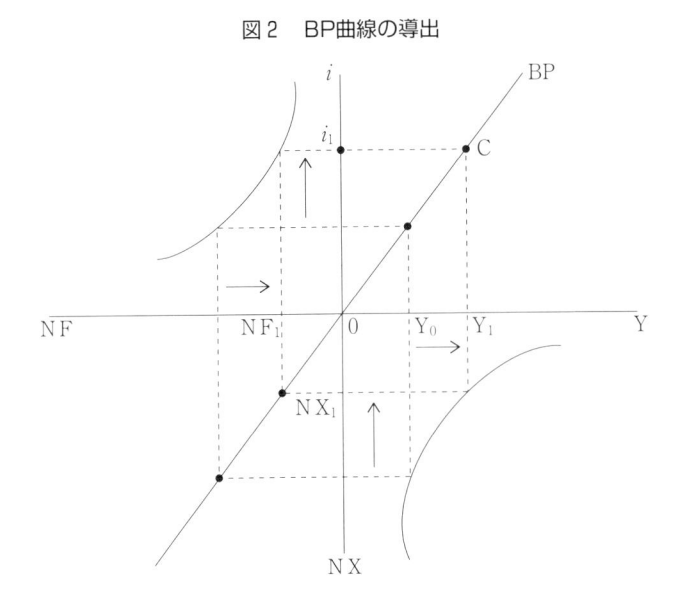

　BP曲線上では，国際収支は均衡している（BP ＝ 0）が，それ以外の領域では均衡していない。BP曲線より上方の領域では，国際収支は黒字となり，下方の領域では国際収支は赤字となっている。

図3　BP 曲 線

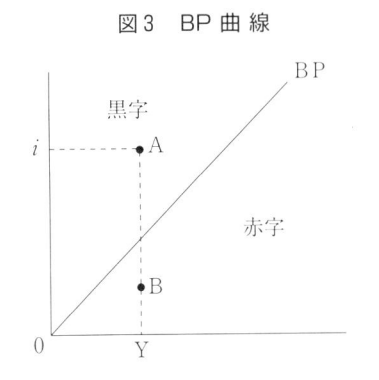

たとえば，所得Y_0で国際収支が均衡する利子率はiとなるが，A点では，

利子率は高いため，純輸出が純流出を上回ることになり，国際収支は黒字の状態になる。また，B点では，利子率が低い状態であるため，純流出が純輸出を上回ることになり，国際収支は赤字となる。

　分析を簡単にするために，BP曲線が垂直になるケースと水平になるケースをみていく。BP曲線が垂直になるケースは，利子率が変化しても資本移動が行われない場合である。しかし，為替レートが下落した場合，円安になり輸出が増加するため，所得は増加することからBP曲線はそのまま右方にシフトすることになる。

図4　ＢＰ曲線（垂直のケース）

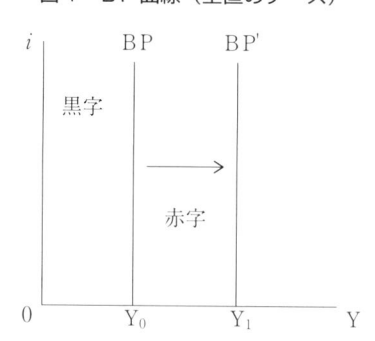

　次にBP曲線が水平のケースである。これは資本移動が完全な場合であり，利子率に反応するケースを想定している。水平なBP曲線の上方領域では，利子率が高い水準であるため，資本流入が資本流出を上回ることから，国際収支は黒字となる。BP曲線よりも下方領域では，利子率の水準が低いことから資本流出が増加し，国際収支は赤字となる。

図5　BP曲線（水平のケース）

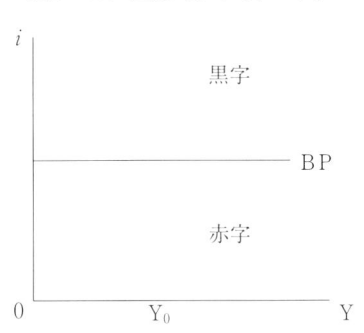

5　オープン・マクロ経済政策の有効性

　オープン・マクロ経済政策は，為替相場制や国際間の資本移動の程度によって，有効性は異なる。この有効性について分析され，1960年代にマンデルとフレミングによってモデル化された。このモデルが開発された背景には，変動相場制を採用していたカナダが景気後退に対応するため拡張的な財政政策を実施したが，これにより為替相場が下落すると予想され，カナダ国内から多くの資本が流出したことがあり，その要因を明らかにするために分析されたのである。

　オープン・マクロ経済モデルでは，国際収支の変化によって，マクロ経済政策の効果に大きな違いが表れる。そこで，次の前提を置くことにする。

　オープン・マクロ経済モデルにおいては，①GDPは総需要の大きさで決定され，外国経済に影響を与えることはない。また②為替レートが変化するという予想はせず，人々は取引コストがなく自由に外国の証券を購入したりする。これらの前提をおくことで，自国と外国との利子率の差がなくなることになる。そのため，利子率の均衡は $i = i^*$ と表される。

　変動為替相場制では，為替レートは自国通貨および外国通貨の需給によって自由に変動するが，このとき，IS曲線，LM曲線も同時に考察するとすれば，

自国と外国の利子率の均衡，生産物市場の均衡，貨幣市場の均衡も成立していることがわかる。この関係は，図6に表される。

図6　国際マクロ均衡

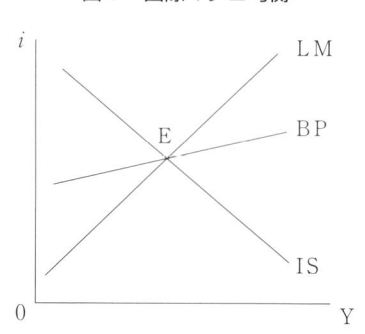

この図では，IS曲線，LM曲線および利子率の均衡式の3つが均衡しており，その均衡点はEである。この均衡状態から財政政策および金融政策が国民所得に与える効果を資本移動がないケース，資本移動が完全なケースおよび資本移動が不完全なケースの3つに分けて考える。

（1）　変動為替相場制
①　資本移動がないケース
(ア)　財　政　政　策

　まず資本移動のないケースで財政支出の拡大効果から考えてみることにする。初期均衡点がA点であるとする。財政支出の増加はIS曲線を右方へシフトさせるため，均衡点はB点となりBP曲線の右側に位置する。ここで国際収支は赤字になるため，為替レートが円安の方向へ動くことになる。円安により輸出が増加し，輸入は減少するために総需要が増加するので，IS曲線はさらに右方へシフトする。また，輸出の増加は純輸出を増加させてBP曲線も右方にシフトさせる。このことから最終均衡点はC点となる。以上のことから，変動相場制において，資本移動のないケースでは財政政策は有効

である。

図7　財政政策の効果（資本移動なし）

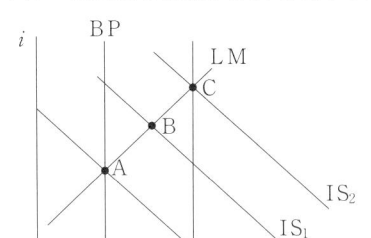

(イ)　金 融 政 策

　　次に，金融政策の有効性についてみてみる。まず初期均衡点がA点にあるとする。金融政策によってマネーストックが増加するとLM曲線はLM$_1$と右方にシフトし，均衡点はB点に変化する。B点は国際収支が赤字であるため，為替レートは円安の方向へ動き，純輸出を増加させる。純輸出はIS曲線を右方にシフトさせ（IS$_1$），BP線も右方にシフト（BP$_1$）させることになる。この2つの動きから最終均衡点はC点となり，金融政策は有効となる。

図8　金融政策の効果（資本移動なし）

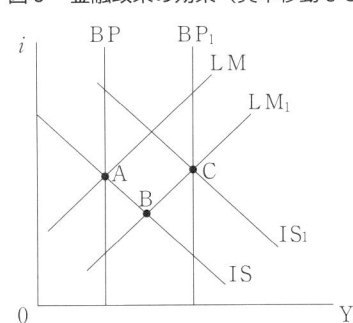

② 資本移動が完全なケース

(ア) 財 政 政 策

　政府支出の増加によってIS曲線が右方にシフトすると，均衡点はB点となり，この領域では国際収支は黒字となる。つまり，国内の利子率が外国の利子率より上昇するため，国内に資金が流入するために，円高・ドル安となる。円高・ドル安になれば，輸出が減少し，輸入が増加するため，IS曲線は左方にシフトし，国民所得はもとの水準に戻る。これが有効需要漏出効果であり，財政政策は無効となる。

図9　財政政策の効果（資本移動あり）

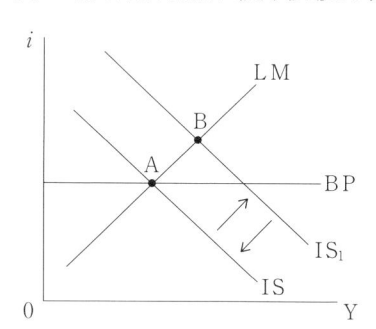

(イ) 金 融 政 策

　金融政策をおこなった場合，貨幣供給量が増加するためLM曲線は右方にシフトし，利子率が低下することによって投資が増加し，国民所得が増加する。この領域では国際収支は赤字となり，輸出を増加させ輸入を減少させる。純輸出の増加は，IS曲線を右方にシフトさせ，有効需要を創出して国民所得は増加する（最終均衡点はC点）。結果として，金融政策の効果の増加だけではなく，投資も刺激するため国民所得をより大きくする。

図10　金融政策の効果（資本移動あり）

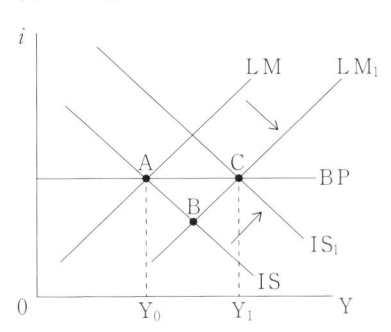

③　資本移動が不完全なケース

　資本移動が完全なケースあるいは資本移動がないケースは極端であり，現実の経済においてあまりみられない。そのため，現実の経済では，資本移動が不完全なケースであると想定される。

　資本移動が不完全なケースでは，BP曲線は右上がりとなり，このBP曲線の傾きがLM曲線よりも緩やか（水平に近い）であれば，資本移動は相対的に流動的となる。このような日本経済の実態に近い資本移動が不完全であるケースにおいて，変動相場制を採用している国の財政政策および金融政策の有効性はどのようなものであるかみていくことにする。

㋐　財 政 政 策

　初期の均衡点は，A点であるとする。財政支出の増加はIS曲線を右方へシフトさせるため，均衡点はB点となり利子率が上昇し，GDPは増加する。均衡点はBP曲線の左側に位置するため，国際収支は黒字となる。このとき，国内に資金が流入するために，円高・ドル安となる。円高・ドル安になれば，輸出が減少し，輸入が増加するため，IS曲線は左方にシフトし，さらにBP曲線も上方にシフトすることになる。BP曲線は各国で利子率が同じになるまで移動するため，最終的な均衡点はC点となる。つまり，財政政策は無効とはならず，有効であるとされる。

図11 財政政策の効果（BP右上り）

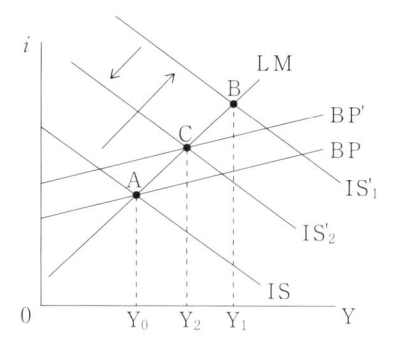

㈡ 金 融 政 策

　金融緩和政策をおこなうと，資本移動が完全なケースと同様に，LM曲線
は右方にシフトし，利子率が低下し，国民所得は増加する。この領域では国
際収支は赤字となり，輸出が増加し，IS曲線を右方にシフトさせる。さらに，
国際収支が赤字であれば円安の方向へ動くため，BP曲線は右方にシフトし，
最終均衡点はC点となる。結果として，金融政策の効果の増加だけではなく，
投資も刺激するため国民所得をより大きくする。

図12　金融政策の効果（BP右上り）

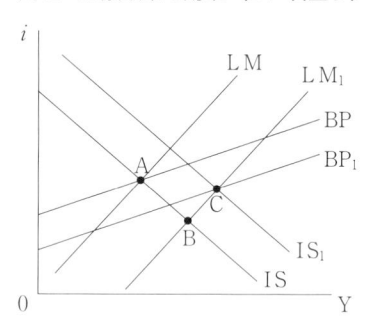

（２）　固定為替相場制

　ここで，もし固定為替相場制であった場合，財政政策と金融政策の効果はどのようなものであるか検討する。

①　資本移動がないケース

(ア)　財 政 政 策

　財政政策によって政府支出を増加させると，IS曲線を右方にシフトさせるから，均衡点はB点に移る。この領域では国際収支は赤字であり，対外資産を減少させるため，貨幣供給量を減少させることになる。貨幣供給量の減少は，LM曲線を左方にシフトさせるために，最終均衡点はC点となる。このため，国民所得は変化がなく，利子率のみが上昇することになる。

　このことから，固定為替相場制のもとでは財政政策は国民所得を増加させることはできず，無効となる。

図13　財政政策の効果（資本移動なし）

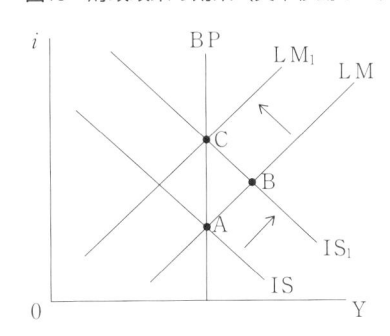

(イ)　金 融 政 策

　金融政策をおこなうと，金融緩和に伴ってマネーストックが増加するならば，まずLM曲線は右へシフトする。そこで均衡点はB点に移動する。しかし，この領域では国際収支は赤字となるため，貨幣供給量が減少する。そのため，LM曲線は再度，左方にシフトすることになり，元の均衡点に戻ることになる。

　このことから利子率も国民所得も変化しないことになり，固定相場制の下

では，金融政策は効果を発揮しないことがわかる。

図14　金融政策の効果（資本移動なし）

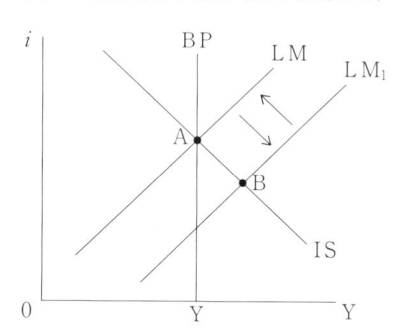

② 資本移動が完全なケース

(ア) 財 政 政 策

　財政政策によって政府支出を増加させると，IS曲線を右方にシフトさせることから，均衡点はB点に移る。国際収支は黒字となり，利子率は上昇するため，資金が国内に流入してくる。そのため為替レートは円高・ドル安の圧力が発生する。日本銀行は為替レートを維持させるために，貨幣供給量を増加させる。貨幣供給量が増加すると，LM曲線は右へシフトし，最終均衡点はC点となる。その結果，国民所得はY_0からY_1へと増加する。つまり，固定為替相場制で，資本移動が完全なときの財政政策は有効であることがわかる。

　このとき，貨幣供給量を一定に保つためには民間部門の保有する国債などの買いオペレーションを行なうことがある。この政策を不胎化政策ないしは中立化政策などと呼ぶ。

図15　財政政策の効果（資本移動あり）

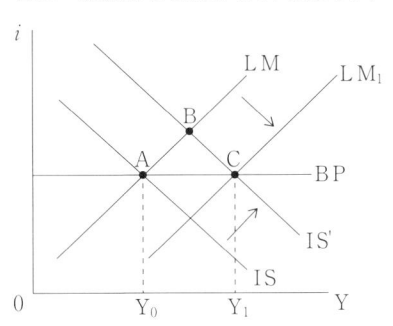

（イ）　金　融　政　策

　　金融政策をおこなうと，金融緩和に伴って貨幣供給量が増加するならば，まずLM曲線は右へシフトする。そこで均衡点はB点に移動する。この領域では国際収支は赤字となり，利子率は下落することから資金が国外へ流出することになる。そのため，為替レートが円安・ドル高の方向へ動くことから，日本銀行は為替レートを維持させるために貨幣供給量を減少させる。貨幣供給量の減少はLM曲線を左へシフトさせるから，再び均衡点はA点に戻る。以上から，固定相場制の下では，金融政策は効果を発揮しないことがわかる。

　　しかし，金融政策によって増加させた貨幣供給量をわざわざ売りオペによって吸収し所得を減少させることは金融政策の意味がない。貨幣供給量の増加による所得創出効果を生かすため，あえて売りオペをしない場合，非不胎化介入と呼ばれる。

図16　金融政策の効果（資本移動あり）

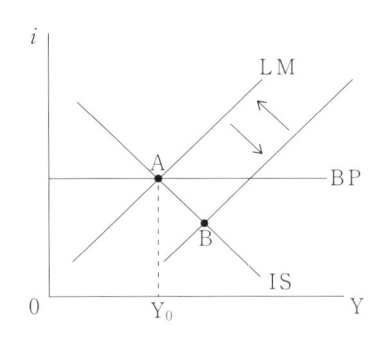

③　資本移動が不完全なケース

　資本移動が不完全なケースでBP曲線の傾きがLM曲線よりも緩やかな（水平に近い）ケースを考える。この場合，資本移動は相対的に流動的となり，このケースにおいて固定為替相場制を採用している国の財政政策および金融政策の有効性はどのようなものであるかみていくことにする。

(ア)　財　政　政　策

　財政政策によって政府支出を増加させると，IS曲線を右方にシフトさせるから，均衡点はB点に移る。国際収支は黒字となり，利子率は上昇するため，資金が国内に流入してくることになり，為替レートは円高・ドル安の圧力が発生する。

　日本銀行は為替レートを維持させるために，貨幣供給量を増加させる。貨幣供給量が増加することから，LM曲線は右へシフトし，最終均衡点はC点となる。その結果，国民所得はY_0からY_1へと増加する。資本移動が完全なときと同じく，財政政策は有効である。

図17　財政政策の効果（BP右上り）

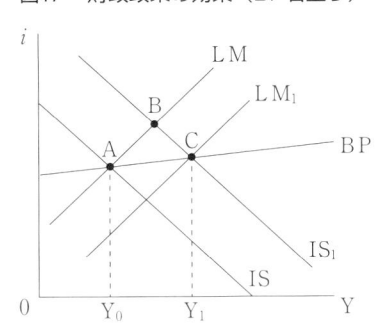

(イ)　金 融 政 策

　　金融緩和に伴って貨幣供給量が増加するならば，まずLM曲線は右へシフトする。そこで均衡点はB点に移動する。しかし，この領域では国際収支は赤字となるため，貨幣供給量は減少することになる。そのため，LM曲線は再度，左方にシフトすることになり，元の均衡点に戻ることになり，無効となる。

図18　金融政策の効果（BP右上り）

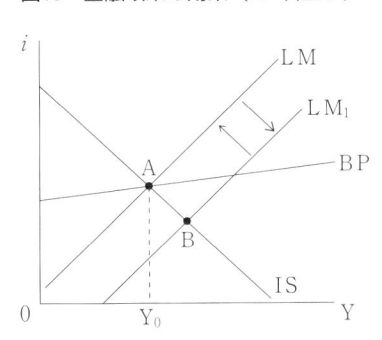

第10章　為替レートの決定理論

1　為替レートの決定理論

　変動為替相場制では，為替レートは通貨の需給で決定される。通貨の需給に影響を与える要因について考察し，どのように為替レートが決定されるかを説明した為替レートの決定理論には，様々な学説が存在する。代表的な理論として，金利平価説，アセット・アプローチ（ポートフォリオ・アプローチ），オーバーシューティング・モデル，購買力平価説などが挙げられる。このように様々な理論が存在する理由として，為替レートは一定期間の取引高とある時点の資産残高が関係することが挙げられる。この 2 つの要因によって為替レートの決定理論は，フローアプローチとストックアプローチに分類される。

　たとえば，為替レートは，一時的に通貨が増価（減価）していたとしても一定期間をとってみれば，その期間の通貨の需給によって決定されると考えられる。このように考えているのがフローアプローチであり，このアプローチの代表的な理論が購買力平価説である。

　また，ストックアプローチでは，投機などで外貨資産の保有残高が変動することによって，通貨の需給が変動して為替レートが決定されると説明しており，金利平価説，アセット・アプローチなどが代表的な理論である。本章では，代表的な為替レートの決定理論として，ストックアプローチの金利平価説およびアセット・アプローチ，フローアプローチの購買力平価説について説明する。

2 金利平価説

金利平価説とは，自国通貨と外国通貨の金利差によって為替レートが決定されるとする理論である。この理論の前提にあるのは，国際間の資本移動が自由であると「金利裁定取引」が働くということである。

金利裁定取引とは，利子率が低い市場で資金調達し，その資金を利子率が高い市場で運用して利鞘を稼ぐ取引のことである。たとえば，アメリカの銀行利子率は 10％であり，国内の利子率は 5％であるとする。アメリカで運用した方が利益になるため，1億円をアメリカの銀行に預金しようとすると，まず1億円をドルに交換することが必要である。このとき現在の為替レートが1ドル ＝ 100円であるならば，1億円は 100万ドルとなり，預金をすると1年後には 100 ×（1.1万ドル）＝ 110万ドルに増加する。

日本で運用すれば，10,000万円×(1.05) ＝ 10,500万円となり，日本の銀行に預金した場合よりもアメリカに預金した方が 500万円だけ多く利益を得ることができる。将来の為替レートが変化せずに，1ドル ＝ 100円のままであれば，1億円を年率 5％で銀行から借り入れたとしても，その利子は1年後に 500万円となるが，それを支払ってもなお 500万円だけの利益が残る。

このように，投資家は利率の高い国で資産運用をして利益を求めていくが，この動きは，各国の利子率が同じになるまで続くことになる。それは，銀行の利子率が低く資産が外国へ移動してしまえば銀行内の預金量は少なくなるため，銀行にとって企業等への貸し出しが制限されてしまう。このため，資産が外国へ移動しないように利子率を上昇させ，同じになるようにするからである。

このように，1億円を運用する際に国内で運用するのがいいか，外国で運用するのがいいかは，外国の利子率（ia），現在の為替レート（e），将来の為替レート（ef），国内の利子率（i）の4つが関係してくることが分かる。

この4つの要因の関係を式で表すと下記の式で示すことができる。

$$(1 + i) = \frac{ef}{e} (1 + ia) \tag{1}$$

　現在の為替レートと将来の為替レートが同じであれば，金利裁定取引によって，利子率は同じになるように動くので，結果的にどの国で資産運用しても同じになる。

　しかし，現実では変動為替相場制を採用している国では為替レートは常に変動するため，1年後に1ドル＝100円になっていることが約束されているわけではなく，損をすることも考えられる。

　このようなリスクに備えて，1年後に1ドル＝100円で交換することを約束する先物取引を利用（このときの為替レートを先物為替レートと呼ぶ）することがある。1年後に1ドル＝100円のままで円と交換できるとすると，100円×110万ドル＝11,000万円となる。先物為替レートが1ドル＝100円よりもさらに円安・ドル高であったら，投資家は預金だけではなく借入をしてまでアメリカの銀行に預金して利益を得ようとする。この結果，投資家は円を売ってドルを購入するので，ドル需要が高まり，取引される為替レートは円安・ドル高の方向へシフトすることになる。しかし，円安・ドル高の状態は将来においてずっと続くとは考えず，次第に円高・ドル安になると人々は予想し，先物為替レートは円高・ドル安の方向へ動くことになる。

　つまり，（1）式において，右辺が大きいならばドルで運用することを選択するため，ドル買いが行われ，円安・ドル高になるが，それと同時に為替予約をおこなう先物市場ではドル売りが発生するため，将来の為替レートは円高・ドル安となり，結果的に右辺が小さくなる。

　ここで，さらに（1）式を変形させ，予想為替レートは先物為替レート（ef）と同じであるとし，整理してみると下記のように表すことができる。

$$\frac{(ef-e)}{e} = i - ia \tag{2}$$

左辺は，為替レートの予想変化率を表し，右辺は内外金利格差を表している。この式によれば，$ia > i$ のとき，為替レートは将来，円高・ドル安の方向に動くと予測され，ef と i が一定のとき，ia の上昇は，円安・ドル高となることがわかる。さらに，ia, i が一定のとき，ef が変化すると e も同じ大きさだけ変化する。このことから，各国の内外金利差が将来の予想為替レートに影響を与えることが分かる。

為替予約をせず，先物でカバーもしていないと「カバーなし金利平価」と呼ばれるが，為替予約して先物為替レートを用いているならば「カバー付き金利平価」と呼ばれる。

3　アセット・アプローチ

アセット・アプローチとは，為替レートは利回り（収益率）が同等になるように決定されるとする理論である。

たとえば，国債を購入する場合，海外で購入することも日本で購入することも可能であるが，投機の観点からみると，どの国の国債でも利回りが高いものを購入して利益を得ることが目的となる。

ここで，日本における国債の額面金額が 100 万円であり，1 年間で利子を 7 万円得ることができるとし，10 年保有することとする。つまり，10 年間で合わせて 70 万円の利子をもらうことができ，10 年後には 100 万円が償還される。さらに，現在の国債の売買価格が 90 万円であったとすると，10 年後には額面金額の 100 万円をもらうため，10 万円の利益が得られる。

10 年間保有した際の利子が 70 万円であり，なおかつ売買の際に合計 10 万円利益が得られるのであれば，1 年あたりの収益は 8 万円を得ることができる。これが利回りとなる。つまり，90 万円の投資で 8 万円の利益が得られるため，利回りを計算すると，

$$\frac{8万}{90万} \times 100 ≒ 8.8\%$$

となる。

　日本の国債を購入すれば，8.8％の利回りを得ることができるが，これを基準に海外の国債を購入するのかどうかを検討する。たとえば，日本の国債と同様の条件で，アメリカの国債の額面金額が1万ドル，1年あたりの利子は500ドル，10年間保有，購入する価格が9,000ドルとすると，1年あたりの利益は600ドルとなり，利回りは

$$\frac{600 ドル}{9,000 ドル} \times 100 = 6.6\%$$

となる。

　利回りだけでみれば，日本の国債を購入することの方が利益になるため，日本の国債を購入しようとする投資家がドルを円に換えて，円で国債を購入することになる。

　日本の国債を購入するためには，ドルを売って円を買うことになり，円高・ドル安の動きになる。それでは，円高圧力はどの程度，続くのであろうか。それは，海外の国債と日本の国債の利回りが同一になるまで続く。つまり，円高の方向へ動くと為替レートによる損失が大きくなり，この動きは日本の国債と海外の国債の利回りが等しくなるまで続くのである。利回りの差がゼロになるまで円高の方向へ動き，利回りが等しい水準で，為替レートが落ち着くことになる。

　このように利回りが各国で等しくなるように為替レートが決定されることをアセットアプローチという。

4　購買力平価説

　自国の通貨と他国の通貨を交換するということは，自国の通貨の購買力と他国の通貨の購買力を交換することと同じである。つまり，為替レートは自国の通貨の購買力と他国の通貨の購買力の比であるとするのが購買力平価説である。

貨幣の購買力とは，貨幣の値打ちのことである。貨幣1単位でX財を2単位購入できたとする。このとき，物価が2倍になれば，X財は1単位しか購入できなくなってしまう。このように購買力と物価の関係は反比例の関係にあり，購買力が上がるということは物価が下落しており，購買力が下がるということは物価が上昇しているということである。

　ここで，物価の変動がない状態で，一物一価の法則が成立しているとすると，商品が同じものであれば，日本であろうとアメリカであろうと，どこで売られていても価格は同じになる。たとえば，各国で販売されている車も異なる通貨単位で販売されていても同一の価格となるはずである。

　ここで，車1台の価格が，日本では120万円，アメリカでは1万ドルだったとすると，為替レートは1ドル＝120円であると考えられる。

　しかし，日本の物価水準が2倍になったとすると，車1台の価格は240万円となるが，アメリカでは1万ドルで変わらないため，為替レートは1ドル＝240円が正しい水準となる。

　ここでアメリカの物価水準が3倍に変化したとすると，車1台の価格は日本では240万円，アメリカでは3万ドルとなる。この場合，3ドルのものが240円で購入できるということであるため，1ドル＝80円（240円×（1／3）＝80）となる。

　このように，為替レートは，ある国の通貨と他の国の通貨の購買力の比率によって決定され，購買力平価説は，一般に下記の式で表される。

$$1\text{ドル} = \frac{\text{日本の物価指数}}{\text{アメリカの物価指数}} \times \text{基準時の為替レート}$$

となる。

索　引

【あ行】

IS-LM分析 ……………………41
IS曲線 ………………………41
アセット・アプローチ ………86
アブソープション・アプローチ …65
意図せざる在庫品の減少 ………17
意図せざる在庫品の増加 ………16
インフレ・ギャップ …………27
LM曲線 ………………………44
円建て ………………………53
オーバーシューティング ……65
オープン・マクロ経済政策 …71

【か行】

外国為替レート ………………53
外国貿易乗数 …………………59
外需 …………………………11
家計部門 ……………………… 1
可処分所得 …………………28
カバー付き金利平価 …………86
カバーなし金利平価 …………86
貨幣需要 ……………………35
貨幣乗数 ……………………35
為替相場制度 ………………54
為替レート …………………53
企業部門 …………………… 2
帰属計算 ……………………… 8
帰属家賃 ……………………… 8
基礎消費 ……………………19
均衡GDPの決定式 …………23

均衡利子率 …………………38
金融緩和政策 ………………49
金融収支 ……………………51
金融政策 ……………………49
金利裁定取引 ………………84
金利平価説 …………………84
クラウディング・アウト効果 …48
経済循環図 …………………… 2
経常収支 ……………………51
ケインズ ……………………17
ケインズ型消費関数 …………19
限界効率曲線 ………………22
限界消費性向 ………………19
限界輸入性向 ………………58
減価償却費 …………………… 4
現金・預金比率 ……………35
現金通貨 ……………………31
購買力平価説 ………………87
国際収支 ……………………51
国際収支表 …………………51
国際マクロ均衡 ……………72
国内総支出 …………………10
国内総生産 …………………… 7
固定為替相場制 ……………54

【さ行】

財政政策 ……………………47
先物為替レート ……………85
三面等価の原則 ……………11
Jカーブ効果 ………………64
資本移転等収支 ……………51

資本移動 ································· 70

純輸出 ··································· 68

純流出 ··································· 68

乗数効果 ································· 26

乗数理論 ································· 24

消費需要 ································· 18

信用創造 ································· 33

信用創造乗数 ···························· 34

信用創造プロセス ························ 33

ストックアプローチ ···················· 83

政府支出乗数 ···························· 30

政府部門 ································· 2

設備投資 ································· 20

総供給 ··································· 15

総需要 ··································· 15

総生産額 ································· 7

租税乗数 ································· 30

【た行】

第一次所得収支 ·························· 51

第二次所得収支 ·························· 51

中間生産物額 ···························· 7

デフレ・ギャップ ························ 27

投機的貨幣需要 ·························· 37

投資 ····································· 20

投資の限界効率 ·························· 21

投資の利子非弾力性 ······················ 50

取引貨幣需要 ···························· 36

取引動機 ································· 35

【な行】

内需 ····································· 10

内部留保 ································· 4

日本銀行当座預金口座 ···················· 33

【は行】

ハイパワード・マネー ···················· 33

BP曲線 ·································· 68

付加価値 ································· 7

不完全雇用均衡 ·························· 47

フローアプローチ ························ 83

平均消費性向 ···························· 19

平均貯蓄性向 ···························· 19

変動為替相場制 ·························· 54

貿易・サービス収支 ······················ 51

邦貨建て為替レート ······················ 53

本源的預金 ······························ 34

【ま行】

マクロ経済のバランス式 ··················· 12

マネー・ストック ························ 32

マネタリー・ベース ······················ 33

マンデル・フレミングモデル ··············· 63

【や行】

有効需要の原理 ·························· 17

輸入関数 ································· 58

輸入誘発効果 ···························· 60

預金準備率 ······························ 33

預金通貨 ································· 33

予備的動機 ······························ 35

【ら行】

流動性のわな ···························· 37

【著者略歴】

関谷　喜三郎（せきや　きさぶろう）
　日本大学商学部教授
　1973年日本大学経済学部卒業。1978年日本大学大学院商学研究科博士課程修了。現在に至る。

河口　雄司（かわぐち　ゆうじ）
　一般財団法人交通経済研究所，日本大学商学部非常勤講師，東洋大学非常勤講師
　2001年大東文化大学経済学部卒業，2006年同大学大学院経済学研究科博士課程単位取得。

国際マクロ経済学

2018年12月1日　　初版第1刷発行

著　　　者	関谷喜三郎・河口雄司	
発 行 者	大坪　克行	
発 行 所	株式会社　泉　文　堂	

　　　　　　〒161−0033　東京都新宿区下落合1−2−16
　　　　　　電話 03(3951)9610　FAX 03(3951)6830

印 刷 所	税経印刷株式会社
製 本 所	牧製本印刷株式会社